Alexandra Walczyk

Die Gesichter der Steine

Bloß kein Indianer sein

Für Sheila, Isabelle
und all die anderen Kids

Die Gesichter der Steine

Bloß kein Indianer sein

von

Alexandra Walczyk

Impressum

Die Gesichter der Steine, Alexandra Walczyk
TraumFänger Verlag Hohenthann, 2011
ISBN 978-3-941485-10-5
Lektorat: Ilona Rehfeldt
Satz/Bildbearbeitung: Janis Sonnberger, merkMal Verlag
Druck und Bindung: Friedrich Pustet, Regensburg
Titelbild: Kerstin Schmäling
1. Auflage September 2011
Copyright by TraumFänger Verlag GmbH & Co. Buchhandels KG,
Hohenthann
Printed in Germany

Inhalt

Er sah sich suchend im Haus um.

Sehnsucht huschte wie ein bleiches Gespenst durch die Räume und drückte sich die Nase an den Fensterscheiben platt.

James war wieder zu Hause. Auch wenn niemand sonst mehr hier wohnte, die Möbel unter weißen Tüchern schliefen und draußen auf dem Rasen das Schild „Zu verkaufen" stand.

James stellte die braune Papiertüte mit dem angebissenen Sandwich und dem kleinen runzligen Apfel auf die Anrichte im Flur.

Langsam drehte er sich im Kreis und schloss die Augen.

Die Sehnsucht blieb endlich vor ihm stehen, breitete die dünnen Ärmchen aus und lächelte.

James schluckte, wischte sich eine Träne aus dem Augenwinkel und schritt aufrecht durch seine Sehnsucht hindurch. Hinter ihm wirbelte feiner Staub durch die Luft und weiße Tücher bauschten sich flatternd zu Boden.

Jemand rief ihm zu, dass das Leben ein seltsamer Ort sein konnte. Dann wachte James wie immer schweißgebadet auf.

Die Entscheidung

„Mom, warum muss ich da hin?"
James lehnte in der Tür zur Küche und verschränkte die Arme.
Seine Mutter lächelte. Sie schnitt die Zwiebel fertig, legte das
Messer in die Spüle und drehte sich um. Ihr Lächeln wich einem
besorgten Gesichtsausdruck. James sah sie aus seinen schwar-
zen Augen düster an. Sie seufzte und wischte sich nervös die
Hände an der Schürze ab.
„James, das haben wir doch jetzt schon hundertmal besprochen
Ich dachte, das Warum wäre endlich geklärt."
„Für euch vielleicht. Ich will dort einfach nicht hin."
Er stand mit ausdruckslosem Gesicht in der Tür. Nur wer ihn
gut kannte, wusste, dass sich gerade hinter dieser starren Maske
eine Menge an Gefühlen verbarg. Catherine kannte ihren Sohn
gut. Darum verkniff sie sich jede spontane Bewegung und versuchte es so nüchtern und sachlich wie möglich.
„Schatz, es ist zu deinem Besten."
Sein Gesicht verzog sich. Er verdrehte genervt die Augen. Also
doch lieber eine Umarmung? Catherine machte einen Schritt in
seine Richtung und er hob abwehrend die Hand.
„Das ist doch Blödsinn, Mom. Ich bin die letzten zwölf Jahre verdammt gut ohne die klargekommen. Was soll das also?"
Catherine schloss die Augen. Dann zog sie sich einen Stuhl heran und winkte James, sich zu ihr zu setzen. Zögernd kam er
näher und lehnte sich an die Theke. Sie legte die Hände auf den
Tisch und überlegte.
„James, wir möchten doch nur, dass du deine Leute kennen-
lernst. Wir wollen nicht, dass du später denkst, wir hätten dir
etwas vorenthalten." Sie sah ihn an.
Er schwieg.

„Wir wollen dich doch nicht wegschicken. Das denkst du doch nicht, oder? Ist es das, wovor du Angst hast?"

„Ich weiß nicht. Ich weiß gar nichts mehr. Sag mir einfach, warum ich es tun muss, obwohl ich es nicht will."

„Du musst gar nichts tun."

„Muss ich nicht?!"

Aufmerksam sah James seiner Mutter ins Gesicht und wartete auf ihre Antwort. Sie grinste ihn an. Das mochte er so an ihr. Immer wenn man sie in die Ecke drängte, lachte sie. Er wünschte, er könnte das auch. Alles so locker nehmen. Aber stattdessen wurde er neuerdings immer gleich furchtbar wütend wegen jeder Kleinigkeit. Seit sie ihm vorgeschlagen hatten, dass er den Sommer über nach South Dakota fahren sollte, um seine Leute besser kennenzulernen, war er ungenießbar. Es wäre doch eine gute Gelegenheit, da sie nach New York umziehen würden, hatten sie versöhnlich gemeint. Von wegen! Das hieß im Klartext, seine Eltern würden die neue Wohnung einrichten, während er in der trostlosen Prärie festsaß und einen auf Familie machte. Da war sie wieder, diese Wut und James ballte die Fäuste. „Sie sind nicht meine Leute."

„James, warum nennst du sie nie beim Namen? Wir haben doch nie ein Geheimnis daraus gemacht, woher du kommst, oder? Du bist unser Sohn und daran wird nichts und niemand jemals etwas ändern. Aber du musst dich mit deiner Herkunft endlich auseinandersetzen, bevor diese Wut dich noch auffrisst."

Erstaunt sah er sie an. „Wovon redest du bloß?"

Catherine stand auf und stellte sich direkt vor James, so dass er ihr nicht ausweichen konnte. Dabei bemerkte sie, wie groß er geworden war. Seine Augen waren auf gleicher Höhe mit den ihren. Mit seinen vierzehn Jahren wirkte er zwar noch schlaksig und jungenhaft, aber er war auch sehnig und glich den Männern auf den Fotos, die seine Mutter ihnen zusammen mit ein paar anderen Habseligkeiten in einem Schuhkarton übergeben hatte. Damals waren sie nach Süd Dakota gefahren, weil sie ein Kind adoptieren wollten. Alles war von den zuständigen Behörden in die Wege geleitet worden, aber dann hatte es Schwierigkeiten gegeben. Als sie nach einem wochenlangen Rechtsstreit schließlich frustriert und verzweifelt abreisen wollten, war plötzlich James in ihr Leben getreten. James war damals zwei Jahre alt gewesen und seine Mutter schwere Alkoholikerin. Obwohl es inzwischen üblich war, dass Indianerkinder nach Möglichkeit innerhalb ihres Stammes adoptiert wurden, wollte James Mutter, dass ihr Sohn mit den Powells ging. James Vater war nicht groß gefragt worden. Er saß wegen Einbruchs im Gefängnis. Man war sich schnell einig geworden und eine Woche später war aus James Stands Alone bereits James Powell geworden, der in seinem neuen Zimmer in Chicago Spielsachen an die Wand warf und ständig seine Milch erbrach. Aber das hatte sich gelegt, sobald er seinen Platz in der Welt akzeptiert hatte. Für James war es nicht immer leicht gewesen. Er sagte wenig, aber das musste nichts heißen. Er fand einige Freunde, war intelligent und ein guter Sportler. Trotzdem fehlte etwas. Etwas, das in den letzten Jahren immer offensichtlicher geworden war.

„James, wenn du noch Milch trinken müsstest, würdest du sie wahrscheinlich wieder erbrechen."

„Was?!"

„Das hast du als kleiner Junge immer gemacht, bis uns der Arzt darauf aufmerksam gemacht hat, dass du keine Laktose verträgst."

„Was hat das damit zu tun?"

„Das hat mit deiner Herkunft zu tun. Das und ein paar andere Dinge, über die du nie etwas wissen wolltest."

„Wozu auch? Nur weil ich wie ein Indianer aussehe, heißt das noch lange nicht, dass ich einer sein will. Und ich will keiner sein. Ich will James Powell sein, der in zwei Jahren seinen High-school-Abschluss macht und dann aufs College geht. Was ist falsch daran?"

„Nichts, James. Außer, dass du damit vermutlich nicht glücklich werden wirst. Nicht auf lange Sicht."

Lange standen sie da, ohne dass einer von ihnen etwas sagte. Catherine sah James dabei zu, wie er mit sich kämpfte.

„Also gut. Diesen Sommer."

„Oh, James."

Sie schlang ihm die Arme um den Hals, was ihm sichtlich un-angenehm war, aber er ließ es geschehen und nach einer Weile erwiderte er die Umarmung und flüsterte in ihr Haar.

„Aber wenn ich es nicht aushalte, breche ich das Experiment ab und schnappe mir den ersten Flieger nach New York."

„Einverstanden."

„Was glaubst du, werde ich alles brauchen?"

Sie hob die Schultern und grinste breit.

„Alles. Nimm am besten deine ganze elektronische Ausrüstung mit. Handy, Playstation und so weiter."

Sie sah ihn an und das Grinsen verschwand.

„Ich weiß es nicht, Schatz. Tu so, als würdest du einen ganz nor-malen Urlaub planen."

„Das ist nicht dein Ernst, oder? Wetten, die haben Plumpsklos und keinen Empfang. Ich könnte genauso gut nach Afrika fah-ren." Er schüttelte den Kopf.

Zwei Tage später saß er mit gemischten Gefühlen im Flugzeug. Das Ganze war eine Schnapsidee, doch man konnte ja schlecht wieder aus dem Fugzeug aussteigen. Höchstens mit einem Fall-schirm! Im Geist sah er sich schon beim Fallschirmspringen und vergaß ein wenig die Zeit. Es war angenehm und er konnte ver-gessen, warum er eigentlich im Flugzeug saß.

Die Landung war ein wenig holperig und brachte ihn in die Wirklichkeit zurück. Er folgte den anderen Menschen wie in Trance und stellte sich auf die Begegnung ein. Er hatte eigentlich keine Ahnung, was ihn erwarten würde.

James sah sich um. Er war nervös und er verspürte den Drang, sich hinter den Rücken der anderen Passagiere, die das Flugzeug mit ihm verlassen hatten, zu verstecken. Unsichtbar zu werden. In Chicago vergaß er tatsächlich oft, dass er ein Sioux war, aber bereits jetzt wurde ihm klar, dass das hier in South Dakota unmöglich sein würde. Also brauchte er sich gar nicht erst zu verstecken. Er straffte die Schultern und ging schneller. Trotzdem wanderten seine Augen nervös über die Gesichter der Menschen, die in der Ankunftshalle des Flughafens von Sioux Falls auf ihre Angehörigen warteten. Ihm war schlecht und er hatte keine Ahnung wie er Frank Stands Alone erkennen sollte. Seine Schritte wurden wieder langsamer, als er plötzlich ein Stück Pappe entdeckte, das von einer älteren Frau hochgehalten wurde. Sein Name stand darauf. James Powell. Gott sei Dank. Sein richtiger Name.

James blieb vor der Frau stehen. Ein kleiner Junge war bei ihr. Als James ihn direkt ansah, senkte er schüchtern die Wimpern und trat hinter die Frau.

„Hallo, ich bin Ellen. Sarahs Mutter." Die Frau nickte.

James schluckte. Sarah war die Frau von Frank Stands Alone. Seinem Vater. Und der Junge? Er starrte ihn an. Das Schweigen dehnte sich in die Länge.

„Hallo." James gab sich einen Ruck.

„Wo ist Frank?" Der Indianer auf den Fotos.

„Konnte nicht kommen." Ellen hob die Schultern.

„Dann kann ich ja auch wieder gehen." Es klang trotzig.

„Hm", murmelte Ellen. Bei ihr klang es leidenschaftslos, unbewegt, als wäre es ihr wirklich gleichgültig, ob er bliebe oder wieder ginge. Wahrscheinlich war es auch so.

Sie standen in der Halle, um sie herum herrschte Stimmengewirr und hektisches Treiben, aber sie hörten es nicht. Sie starrten einander an und bewegten sich nicht. Zwölf Jahre. Ein anderes Leben. Eine andere Welt.

Sein Vater war also nicht da. Offenbar hielt er es nicht für nötig, sich an eine einfache Abmachung zu halten. Genau so hatte James es sich vorgestellt. Dabei war er noch nicht einmal richtig angekommen. Sein Inneres fühlte sich plötzlich krümelig an. Er fühlte sich schrumpfen. Immer kleiner werden. Seine Arme taten ihm weh. Der Rucksack war schwer. Das Gewicht drückte ihm ins Kreuz. Die Enttäuschung war größer als er je zugegeben hätte.

James sah der Frau in die Augen. Ihr Gesicht war so ganz anders als das seiner Eltern und Freunde. Es war dasselbe Gesicht, das ihm jeden Morgen aus dem Spiegel ansah. Und die Augen stellten jeden Morgen dieselbe Frage. Wer bist du, James?

James wollte eine Antwort auf diese Frage.

„Warum ist er nicht hier?" Seine Worte verließen den luftleeren Raum um sie herum und erfüllten ihn mit Leben.

„Er konnte nicht kommen." Eine Antwort, die keine war.

Und das war es dann. Keine weiteren Erklärungen.

Wenig später saßen sie im Auto und fuhren nach Vermillion, einer kleinen Stadt südlich von Sioux Falls. Die Fahrt dauerte nur eine knappe Stunde und nachdem James sich vergewissert hatte, dass sein Schweigen niemanden zu stören schien, lehnte er sich im Sitz zurück und schaute aus dem Fenster. Die Reklameschilder und Felder flogen an ihm vorbei. Es gab nichts dort draußen, das er sehen wollte, dennoch konnte er den Blick nicht abwenden. Es war, als ob das Land ihn aufsaugen wollte.

Alles war fremd und doch so vertraut und bekannt. James schloss die Augen.

Dann waren sie da. James wurde Sarah vorgestellt. Er lernte die beiden Mädchen Dawn und Christine kennen und erfuhr, dass er Geschwister hatte. Die Mädchen waren noch klein, eins eigentlich noch ein Baby, und er hatte keine Ahnung, wie man kleine Kinder begrüßte. Befangen schüttelte er Kinder- und Frauenhände, blickte kurz in neugierige Gesichter und sah ebenso rasch wieder zur Seite. Er kam sich so unglaublich fremd vor, dass er am liebsten laut geschrien hätte. Gleichzeitig war er jedoch von allem so gefesselt, dass er kaum Luft bekam und nur mühsam atmen konnte, geschweige denn einen vernünftigen Satz herausbrachte. Also schwieg er, weil er wusste, dass niemand sich daran stören würde.

Frank kam immer noch nicht und irgendwann wurde das Schweigen seltsam. James langweilte sich. Er wusste nicht, wo er seine Sachen hinstellen sollte oder was sonst von ihm erwartet wurde. Auch Ellen war verschwunden. Sie war mit dem Jungen gegangen ohne sich zu verabschieden.

James bekam ein winziges Zimmer am Ende des Trailers zugewiesen. Es sah so als, als wäre es zusätzlich angebaut worden und dann irgendwie mit dem Trailer verschmolzen. Er knallte seinen Rucksack auf das Bett und dachte nach. Das Haus war klein und schäbig. Er hoffte, dass hier kein Tornado durchzog, denn diese kleine Streichholzschachtel würde sofort weggeblasen werden. Der Garten bestand nur aus Gras. Keine Blumen. Mutter würde hier bestimmt Rosen anpflanzen, dachte er. Er hatte Heimweh!

Es gab ein einfaches Abendessen aus Toast mit Käse, dann verzogen sich alle in die Betten. Wo war Frank? James war hier, um seinen Vater kennenzulernen und nicht irgendwelche Halbgeschwister!

Der Morgen war genauso trostlos. Es gab wieder Toast mit Käse und James fragte sich, wovon diese Familie sich sonst ernährte. „Habt ihr auch Marmelade?", fragte er mürrisch. Sarah nickte und zauberte tatsächlich eine Art Gelee auf den Tisch. Sarah gab sich Mühe. „Willst du ein bisschen die Gegend sehen?", fragte sie.

Nur raus hier, nur raus hier, waren seine Gedanken. Wieder atmen können! Er flüchtete fast in das schäbige Auto, einen rostigen Pickup, in dem auf der Ladefläche der Müll gesammelt wurde. Seine neuen Schwestern saßen neben ihm und schwiegen zum Glück. Schwestern! Das Wort rollte schwerfällig von einer Ecke seines Kopfes in die andere. Die Kleinere saß noch in einem Babysitz und ihr Kopf landete auf seiner Schulter, als sie nach kurzer Zeit einschlief.

Sarah fuhr kreuz und quer durch die Stadt und zeigte James, was es zu sehen gab. Wahrscheinlich nicht viel, wenn man aus Chicago kam. Sie blickte mehrmals in den Rückspiegel, um sein Gesicht zu betrachten. James sah seinem Vater unglaublich ähnlich, dachte sie amüsiert. Hohe Wangenknochen, schwarze Augen und pechschwarze Haare. Bei James waren sie allerdings kurz. Außerdem war der Junge hochgewachsen und schlank. Frank dagegen hatte in den letzten Jahren ziemlich zugelegt. Aber das konnte sie ihm nicht zum Vorwurf machen. Sie selbst war Schuld daran. Kochte zu gut. Glaubte alle Leute füttern zu müssen. Sich eingeschlossen. Sarah lächelte. James fing dieses Lächeln im Spiegel ein und wandte den Blick ab. Mist, zuckte Sarah zusammen. Natürlich dachte er jetzt, sie würde über ihn lachen. Sie seufzte. Das würde nicht leicht werden. Vor allem, weil Frank wieder in Schwierigkeiten steckte. Ausgerechnet jetzt. Als James erneut einen Blick in den Spiegel riskierte, sah er das ernste Gesicht einer Frau, die ihre Lippen fest zusammenpresste. Sie hatte Sorgen!

Sie besuchten Ellen Robidoux an ihrem Arbeitsplatz in der University of South Dakota.

James erfuhr, dass sie für die indianischen Studenten arbeitete, ihnen half sich zurecht zu finden, über Unterstützungsgelder informierte, Job- und Wohnungssuche arrangierte und immer bereit war, den Leuten mit Rat und Tat zur Seite zu stehen.

Nebenbei erfuhr er, dass auch Sarah an der Uni studierte und Frank einen Job als Sanitäter in Aussicht gehabt hatte. Aber keiner wollte auf dieses „gehabt hatte" näher eingehen. James hob die Schultern und beschloss den Mund zu halten.

Was ihn wirklich verblüffte, war die Tatsache, dass alle ihn zu kennen schienen. Sarah brauchte nur seinen Namen zu nennen und schon flackerte ein Erkennen in den Augen seines Gegenübers auf. Manchmal löste sein bloßes Erscheinen wissendes Nicken und lächelnde Begrüßung aus. Das war beinahe schon unheimlich und James begann sich zu fragen, ob er in eine Sekte geraten war, die neue Mitglieder anwarb, indem sie ihnen vorgaukelte, sie besser zu kennen als sie sich selbst.

Irgendwann löste ein geheimes Signal hektische Betriebsamkeit aus und wenig später saß er wieder zusammen mit seinen Schwestern und deren Mutter im Auto und fuhr hinaus in die Nacht zum nächsten Supermarkt. Kurz wurde an der Müllkippe gehalten und der Unrat abgeladen. „Soll ich helfen?", fragte James höflich.

„Nein, nein!"

James sah zu, wie Sarah erst tonnenweise Müll ablud und dann an der gleichen Stelle des Pickups tonnenweise neue Lebensmittel verstaute. Er wagte nicht zu fragen, wer das alles essen sollte. Die unausgesprochene Frage wurde beantwortet, als sie vor Ellens Haus anhielten und sämtliche Lebensmittel in deren Küche schafften.

„Mom ist gerade umgezogen," informierte ihn Sarah.

„Außer Küche und Bad sind noch keine Möbel da. Such dir doch einfach einen Platz bei den anderen." Sie nickte aufmunternd und wandte sich ihren Einkäufen zu.

James ging zögernd in das größte Zimmer der Wohnung und fand einen Haufen Leute, die ihn mit lautem Hallo begrüßten. Ein Mann, offensichtlich der einzige Weiße in der Menge, kam auf ihn zu und stellte sich als Duane vor. Ellens Freund.

James schüttelte benommen einige Hände, während Duane fließend auf Lakota für wahre Lachsalven sorgte und James fortwährend auf die Schulter klopfte. Schließlich drückte er ihn auf einen Stapel Kissen und verschwand in der Küche. James saß stocksteif da und fürchtete sich davor, plötzlich allein im Mittelpunkt stehen zu müssen. Nichts dergleichen geschah. Außer einigen neugierigen Seitenblicken ließen sie ihn in Ruhe.

James atmete auf. Eigentlich wollte er wütend sein, aber er konnte seine Wut einfach nicht finden.

Als Sarah und ihre Mutter schließlich eine Pizza nach der anderen brachten und alle mit Essen beschäftigt waren, stand James auf und suchte Duane. Er fand ihn in der Küche, wo er gerade neuen Kaffee aufsetzte. James wartete.

„Was ist los, Junge? Schmeckt's dir nicht?" Duane wandte ihm den Rücken zu und schaufelte Kaffee in die Maschine.

„Doch." James beobachtete den Mann.

„Warum stehst du dann hier und starrst mir ein Loch in den Rücken?" Jetzt drehte Duane sich um.

„Ich wollte Sie etwas fragen." James räusperte sich.

„Schieß los." Duane lehnte sich lässig gegen die Spüle.

„Was ist hier eigentlich los?"

„Was meinst du damit?"

„Die ganzen Leute hier. Was soll das? Warum kennt mich jeder von denen? Denken die vielleicht, dass ich deshalb Indianer toll finde, oder was?!"

James hatte seine Wut wieder gefunden und ritt auf ihr gegen das einzige, das ihm vertraut war: der weiße Mann.

Der musterte ihn eine Weile schweigend und meinte dann:

„Die Leute sind nicht wegen dir hier. Sie sind freundlich, weil sie eine gute Kinderstube hatten und ich ihnen gesagt habe, dass du mein Enkel bist."

Das saß! James riss erstaunt die Augen auf, dann legte er ungläubig den Kopf schief und meinte herausfordernd: „Sie sind nicht mein Großvater. Sie sind weiß." James war immer noch wütend.

Duane lächelte nur.

„Ist das alles, was du siehst, Junge?"

James zögerte, hob die Schultern und schüttelte den Kopf.

„Wieso sprechen Sie Lakota?"

„Wie kommt's, dass du es nicht tust?"

„Das wissen Sie doch! Meine Mutter hat mich weggegeben."

„Und, ging es dir schlecht? Haben dir deine weißen Eltern verboten, Lakota zu lernen?"

James blinzelte verwirrt. Duane sah ihm ernst in die Augen.

„Ich hab gehört, dass du bist hier, um etwas zu lernen. Du solltest die Chance lieber nutzen, anstatt Leute zu beurteilen, die du nicht kennst."

„Tut mir leid. Ich wollte Sie nicht beleidigen."

„Ich rede nicht von mir."

Mit diesen Worten stieß sich Duane von der Spüle ab und ging an James vorbei ins Wohnzimmer.

Frank Stands Alone

„Was ist los?!"

Verwirrt richtete James sich im Bett auf und sah sich um. Es war stockfinster, aber etwas hatte ihn geweckt. Stimmen. Und es brannte Licht nebenan. Plötzlich hellwach sprang er aus dem Bett und ging durch den schmalen Gang des Trailers hinüber in die Küche, die zugleich als Wohnraum diente. Sarah war dort. Fix und fertig angezogen stand sie mitten im Zimmer. Auf dem Sofa saß eine blonde Frau, die James vage bekannt vorkam. Genau, das war Pat, eine Freundin von Sarah. Er war ihr bei seinem Besuch an der Uni vorgestellt worden. Sie grinste ihn an.

„Hi, Jamie. Siehst müde aus."

„Wie spät ist es denn?" Die Frage purzelte aus seinem Mund.

„Zwei Uhr morgens." Sie griff nach einer Zigarette.

Sarah schob sich in James Gesichtsfeld und erklärte: „Wir fahren nach Minneapolis. Frank holen. Und das Auto. Mein Auto." Sie sagte das ohne Zorn, ganz nebenbei und reichte ihm eine Tasse frisch gebrühten Kaffee. Er nickte geistesabwesend und merkte plötzlich, dass sie auf etwas zu warten schienen. Sollte er etwas sagen?

„Frank ist in Minneapolis?" Blöde Frage.

Sarah griff bereits nach ihrer Jacke und nickte nur, aber Pat fühlte sich zu weiteren Erklärungen verpflichtet.

„Ja, ist er. Bei irgendwelchen Freunden untergekrochen, die er von früher kennt." Sie schnitt eine verächtliche Grimasse und warf einen Blick auf Sarah. „Schlechte Gesellschaft."

„Willst du mitkommen?" Sarahs Frage traf James unvorbereitet. Jetzt? Mitten in der Nacht? Aber es klang nach Abenteuer. James sah sich im Halbdunkel des Zimmers um und wusste mit absoluter Sicherheit, dass ihn keine zehn Pferde davon abhalten würden mitzufahren. Das überraschte ihn. Bevor die anderen etwas von seiner Begeisterung merkten, trank er rasch seinen Kaffee aus und eilte in sein Zimmer.

„Ich zieh mir was an. Werden wir lange weg sein?"

„Ich habe keine Ahnung. Kommt darauf an, ob wir Frank und das Auto gleich finden und ob es Probleme geben wird, die beiden zur Rückkehr zu überreden."

Pat ging hinaus. Sarah weckte die Kinder und meinte:

„Nehmt einfach ein paar Sachen mit. Vielleicht fahren wir ja ins Reservat, sobald wir das Auto haben."

Frank erwähnte sie nicht und James wagte nicht zu fragen. Er hatte inzwischen mitbekommen, dass Neugierde als schlechtes Benehmen galt und dass er auf direkte Fragen selten eine direkte Antwort erhalten würde. Er warf hastig eine Jeans, Unterwäsche und T-Shirts in seinen Rucksack, stopfte das Handy in seine Jackentasche und warf einen letzten Blick in die Runde. Das Ganze war total verrückt, aber irgendwie war er richtig aufgekratzt. Lebendig. Er knipste das Licht aus. Kurz darauf saß er mit der vierjährigen Christine auf dem Rücksitz. Baby Dawn schlief im Arm ihrer Mutter. Komisch war das. Er hatte zwei Schwestern. Ob seine Eltern davon gewusst hatten? Catherine hatte jedenfalls oft versucht, ihm etwas von seiner Lakota Familie zu erzählen, aber er hatte stets abgeblockt. Das einzige, das er wusste, war, dass seine leibliche Mutter gestorben war. Man hatte ihm einen Brief geschickt. Er hatte ihn geöffnet, nicht ahnend, was der Absender zu bedeuten hatte. Verblüfft hatte er auf das amtliche Schreiben und das Foto einer toten Frau gestarrt, bis ihm seine Mom beides aus der Hand genommen hatte. Damals hatten seine Eltern lange mit ihm geredet. Über seine andere Mutter und seinen Vater, über den sie so gut wie nichts wussten. Aber er hatte es immer gewusst. Sein Vater hatte sich nichts aus ihm gemacht und seine Mutter hatte ihn einfach weggegeben. Was scherte es ihn, dass sie unter erbärmlichen Umständen gestorben war? Oder was sein Vater gerade trieb, wenn er nicht im Knast saß? Das war vor zwei Jahren gewesen. Von da an wollte er nur noch James Powell sein.

Und jetzt saß er im Auto der wasserstoffblonden Freundin von Sarah Stands Alone, der zweiten Frau von Frank und Mutter seiner beiden Kinder, um einen untergetauchten, kriminellen Sioux, der zufällig auch sein biologischer Vater war, in den Weiten der Großstadt Minneapolis zu suchen! James konnte gar nicht anders. Er musste lachen! Christine grinste ihn an und Sarah lächelte ihm im Rückspiegel zu. Pat stieß einen wilden Schrei aus und trat aufs Gaspedal.

Sie lieferten die Kinder bei Ellen und Duane ab, die gar nicht erstaunt über die Störung so früh am Morgen wirkten. Auch die Kinder freuten sich bei Oma und Opa zu sein und verabschiedeten sich ohne Tränen von ihrer Mutter. Nicht so ein Geschrei, wie weiße Kinder es machen würden!

Als sie schließlich Richtung Osten aufbrachen, waren sie zu viert. Helen Two Steps stammte aus Pine Ridge und war eine Vollblut Oglala. Sie war die Schwester von Frank Stands Alone und damit James Tante. Sie quetschte ihren massigen Körper neben James auf den Rücksitz und zwinkerte ihm zu. Er mochte sie auf Anhieb und schenkte ihr ein breites Grinsen.

Während der sechsstündigen Fahrt, bei der James die meiste Zeit vor sich hin döste, erhielt er plötzlich unaufgefordert Informationen über Frank Stands Alone. Anfangs traute James seinen Ohren nicht, als Helen irgendwann begann über Franks plötzliches Verschwinden zu reden. Frank Stands Alone, der vor ungefähr drei Wochen einen Autounfall verschuldet hatte. Aus Angst vor einer erneuten Haftstrafe war er in Panik untergetaucht. Nur seine Schwester wusste, wo er sich befand. Von seinem damaligen Versteck aus hatte er sich in regelmäßigen Abständen gemeldet. Ihn selbst konnte man jedoch nicht erreichen. Dann war er plötzlich vollständig von der Bildfläche verschwunden. Bis jetzt.

Für James waren dies Geschichten aus einer anderen Welt. Wo konnte denn jemand verschwinden, ohne dass FBI oder Polizei ihn aufspürten? War sein Vater tatsächlich ein Krimineller? Und warum hatte man ihn hierher reisen lassen? Wusste seine Adoptivfamilie nichts davon?

Langsam gefiel ihm die Reise. Anstelle einer langweiligen Familienzusammenführung bekam er Abenteuer pur! Was wohl seine Mutter dazu sagen würde?

„Wo ist denn mein Vater jetzt?", fragte er gespannt.

Gerüchte machten offenbar schnell die Runde und Sarah hatte in Erfahrung gebracht, dass Frank inzwischen in einer üblen Gegend hauste. Alle machten sich Sorgen. Nicht nur das. Mittlerweile waren sie auch ziemlich wütend auf Frank, weil er sein Versprechen gegenüber seinem Sohn nicht eingehalten hatte. Diese Frauen waren zornig! „Er hätte hier sein sollen, um dich zu sehen!", meinten sie vorwurfsvoll. An dieser Stelle wusste James nicht, wohin er schauen sollte. Zwei dunkle Augenpaare waren auf ihn gerichtet und ein blaues Augenpaar starrte ihn aus dem Rückspiegel an. Er schluckte und brachte keinen Ton heraus. Danach war es für eine ganze Weile sehr still im Wagen. Nur das zischende Geräusch der Reifen war zu hören und das gleichmäßige Summen des Motors.

Helen schien kurz eingenickt zu sein. Sarah sah aus dem Fenster und Pat konzentrierte sich auf die Straße. James lehnte sich zurück und gestattete sich zum ersten Mal in seinem Leben über Frank Stands Alone nachzudenken. Und über seine tote Mutter.

Als der Morgen graute, erreichten sie die ersten Vororte von Minneapolis. Helen wachte auf und kniff James übermütig in die Seite. Sie sagte etwas auf Lakota, woraufhin sie und Sarah in lautes Gelächter ausbrachen. Pat schmunzelte in den Rückspiegel und hob die Schultern. James schüttelte nur den Kopf, aber das Lachen störte ihn nicht. Sie alle waren müde und aufgeregt.

James dehnte die Schultern. Sie waren sich näher gekommen auf dieser Reise durch die Nacht. Es war nichts Greifbares, aber James fühlte sich so wohl wie schon lange nicht mehr. Er brauchte eine Weile, bis er erkannte, woran das lag. Er war kein Fremder mehr. Er gehörte nicht wirklich dazu, aber das war bedeutungslos. Irgendwann, als sie johlend durch die morgendlichen Straßen von Minneapolis fuhren, fühlte er sein altes Selbst zurückbleiben. Die alte Unsicherheit und Angst lösten sich von ihm und flatterten davon. Er sah ihnen nach und lachte.

Sie hatten Probleme die Adresse zu finden, wo Frank sich angeblich aufhalten sollte. Die Gegend war nicht gerade das, was man als sicher und gepflegt hätte bezeichnen können. James jedenfalls wäre niemals auf die Idee gekommen, durch ein derartiges Viertel von Chicago mit dem Auto zu fahren. Geschweige denn anzuhalten und auszusteigen.
„Hey, Sarah, da hinten steht dein Auto!"
Pat stieg auf die Bremse und alle starrten angestrengt in die Richtung, in die Helens Finger wies. James sah nichts weiter als einen alten, verrosteten Thunderbird mit eingeschlagenem Beifahrerfenster.
Sarah dagegen strahlte. Sie schnappte sich ihre Jacke und stieg aus. Helen folgte und baute sich neben ihrer Freundin auf, die im Vergleich zu ihr geradezu winzig aussah. James warf einen misstrauischen Blick in die Runde, ehe er zögernd seinen Gurt löste

und die Tür öffnete. Dann standen sie da und begutachteten den Wagen. Er sah ziemlich mitgenommen aus, fand James. Die rechte Seite war völlig demoliert und das Fenster der Beifahrertür fehlte. Die Tür selbst war hoffnungslos verklemmt. James warf einen unsicheren Blick auf Sarah.

„Sind wir etwa deswegen den weiten Weg gekommen?"

Sie blieb ihm wieder einmal die Antwort schuldig, aber ihre Augen waren nur noch schmale Schlitze. Entschlossen wandte sie sich ab und marschierte in Richtung Haus. Rücksichtslos donnerte sie mit ihrer Faust gegen die Tür. Betreten stand James neben Helen im Hinterhof, die vielsagend das Gesicht verzog. Kurz schoss James der Gedanke durch den Kopf, ob vielleicht jemand auf sie schießen könnte. Er fühlte sich wie in einem der Gangsterfilme mit James Cagney.

„Mach dir keine Sorgen, Kleiner, Sarah weiß, was sie tut."

„Tatsächlich?"

„Klar doch. Und falls nicht, wartet Pat ja im Wagen. Wir brauchen nur reinzuhüpfen und abzuhauen." Sie zeigte ihm grinsend ihre Zahnlücke und er musste sich beherrschen, um nicht laut loszulachen. Pat hupte.

„Was ist denn los?"

„Nichts, Pat. Wir kommen gleich."

Inzwischen hagelte es heftige Proteste von wegen Randale und Ruhestörung aus der Nachbarschaft. Endlich öffnete sich die Tür und eine Frau im Morgenmantel sprach mit Sarah. Sie deutete auf zwei leuchtend rote Sofas unter einigen mickrigen Bäumen im Hof und knallte die Tür wieder zu. Sarah drehte sich um, nickte in Richtung der Sofas und ging zielstrebig darauf zu.

„Na los, Kleiner. Wir gehen besser mit."

Dann standen sie vor den Sofas und James schaute mit offenem Mund auf die Gestalt, die unter einem Haufen alter Decken auf einem der zerfledderten Polster lag. War das Frank? Sollte dieser

Typ tatsächlich sein Vater sein? James riss seinen Blick los und klappte den Mund zu, als Helen sanft an seinem Arm zupfte und ihn mit sich zog.

Der Typ rappelte sich ächzend hoch, warf einen orientierungslosen Blick in die Runde und wankte schwerfällig in Richtung. Haus. Als er an James vorbeikam warf er ihm ein halbverhungertes „Hi, James" zu und verschwand mit seiner Frau in dem Gebäude.

James stand nur da. Seine Zähne schlugen aufeinander, als er plötzlich die morgendliche Kälte spürte, die durch seine Jacke in seinen ganzen Körper drang. Die Hochstimmung hatte sich verflogen. Geblieben war ein schales Gefühl vertrauter Enttäuschung. James reagierte nicht auf Helens Späße, doch sie ignorierte seinen Stimmungswandel und legte ihm gut gelaunt einen Arm um die Schultern. Er hasste diese Berührung! Wieder fühlte er diese Wut in sich hochsteigen.

„Mach dir nichts draus, James. Wir alle haben manchmal einen schlechten Tag. Frank hatte es nicht leicht in letzter Zeit."

„In letzter Zeit? Dass ich nicht lache! Der hatte doch noch nie einen guten Tag!"

James versuchte sich aus Helens Umarmung zu befreien, aber sie hielt fest. Ließ nicht locker.

„Doch, James, den hatte er, du kennst ihn nur nicht."

„Genau. Und ich will ihn auch nicht kennen!"

„Hey, James, ganz ruhig, okay?! Komm, wir setzen uns zu Pat ins Auto, bevor uns hier der Hintern abfriert."

Helens Scherz versickerte, aber James ließ es zu, dass sie ihn zum Wagen brachte. Er zitterte am ganzen Körper und die Wut fraß sich tief in ihn hinein. Wieso hatte sein Vater ihn eingeladen, wenn er ihn gar nicht sehen wollte. Oder war das alles nur eine blöde Idee von seiner Mutter gewesen?

Sarah und Frank ließen sich Zeit. Schließlich entdeckten Pat und Helen auf der anderen Straßenseite einen Laden, der neben Kaffee auch einen Toilettenraum mit Waschbecken im Angebot hatte.

James verließ den Waschraum und überlegte, ob er sich nicht besser gleich wieder ins Auto setzen sollte. Sein Handy klingelte und James war fast erleichtert darüber, dass ihm jemand die Entscheidung abgenommen hatte. Mit einem entschuldigenden Nicken fischte er das Handy aus der Jackentasche, stieß die Ladentür auf und verschwand nach draußen. Helen und Pat blieb nichts anderes übrig, als sich vielsagend anzusehen und darauf zu warten, dass James sich entscheiden würde, ob er bleiben wollte oder nicht.

„James, Schatz, wie geht es dir?! Catherines Stimme klang weit entfernt.

James holte tief Luft und musterte angestrengt die gegenüberliegende Straßenseite. „Hey, Mom. Wo seid ihr?"

„New York! Stell dir vor, die Wohnung ist herrlich. Wir werden im fünften Stock wohnen. Ruhige Gegend. Dein Dad ist ganz aus dem Häuschen …" Catherine redete und redete.

James starrte auf die andere Straßenseite und hörte nicht mehr zu. Irgendwann verstummte die Stimme seiner Mutter und seine Hand schloss sich fester um das Handy.

„James? Bist du noch dran?"

James konnte die Unsicherheit förmlich spüren. Dort, weit weg in New York. Catherine stand bestimmt in der leeren, frisch gestrichenen Diele und umklammerte den Telefonhörer. Er stellte sich vor, wie Michael ihren besorgten Tonfall hörte und beim Streichen innehielt. Immer diese Besorgnis! Als ob Catherine besonderen Schutz brauchte. Die heile Welt und die heile Familie. „James? Sag doch was! Möchtest du das Experiment abbrechen? Das ist kein Problem, hörst du?! James?!"

James stand noch immer da und bewegte sich nicht. Aber er hatte die Worte seiner Mutter gehört. Sollte es tatsächlich so einfach sein? Drei Tage Verbannung und nun war er erlöst? Als er zum Haus mit den roten Sofas hinüberblickte, öffnete sich die Tür und Sarah kam heraus. Dicht gefolgt von Frank, der einen nervösen Blick in die Runde warf.

James musterte diesen Mann, der sein Vater war, und den er noch nie gesehen hatte. Nur auf Fotos. Die hatten einen jungen Mann in den Zwanzigern gezeigt. Groß, schlank und mit langen Haaren. Das lange Haar war geblieben. Aber Gesicht und Körper wirkten jetzt aufgedunsen, außer Form geraten. Frank war im Gefängnis gewesen. Was sonst noch? Andererseits hatte Frank Sarah zur Frau und er hatte zwei kleine Töchter, die eigentlich ganz niedlich waren. Warum tat er seiner Familie das an?

James senkte den Blick und betrachtete eingehend seine Schuhe. Das Handy war immer noch an sein Ohr gepresst, aber Catherine hatte inzwischen aufgehört zu sprechen. Stattdessen hörte er ihren Atem. Ein und aus. Ein und aus. Sein eigener Atemrhythmus glich sich dem ihren an und gemeinsam atmeten sie ein und aus. Sie in einem fünften Stock in New York. Er auf den Straßen der Slums von Minneapolis. James hob den Blick und beobachtete, wie Frank und Sarah auf ihn zukamen. Er wusste, dass sein Dad, sein Adoptivvater, in diesem Augenblick neben seiner Mom stand und darauf wartete, dass sie wusste, was zu tun war. James lächelte.

„Mom, es geht mir gut."

Er fühlte, wie sie ruckartig die Luft anhielt und bestimmt seinem Dad zunickte. Trotzdem klang ihre Stimme gepresst.

„Ist das wahr, James? Du weißt, dass ..."

Er schnitt ihr das Wort ab. Wischte das unausgesprochene Angebot vom Tisch und fasste das Handy fester.

„Ich weiß, Mom. Danke. Ich muss jetzt Schluss machen."

„Warte noch! James, wie geht es dir wirklich?"

Er warf noch einen Blick auf Frank und Sarah, die jetzt auf der anderen Straßenseite standen. Er dachte an Helen und Pat, die ebenfalls auf ihn warteten.

„Eine Menge Leute kümmern sich um mich. Macht euch keine Sorgen. Mir geht's wirklich gut."

Als Catherine antwortete, konnte er endlich Erleichterung in ihrer Stimme hören. Gut. Er würde mit Sicherheit nichts von irgendwelchen Slums und roten Sofas erzählen. Jetzt jedenfalls noch nicht. „Mach's gut, Mom. Und hey, es könnte sein, dass ich in den nächsten Tagen keinen Empfang haben werde. Du weißt schon, Reservat und so ..."

Ihr Lachen tat ihm gut. James wechselte noch einige Worte mit Michael, dann verabschiedeten sie sich. Er schaltete das Handy aus und steckte es zurück in seine Jacke.

Frank Stands Alone stand plötzlich direkt vor ihm. Riesengroß. Seine Augen bohrten sich in James Augen. Schwarz und unendlich tief. James schluckte schwer und wusste nicht, was er tun sollte. Da streckte ihm Frank die Hand entgegen und James griff danach als wäre sie sein Rettungsanker auf hoher See.

Frank hatte sich entschieden. Er würde mit ihnen gehen, trotz der noch immer bestehenden Gefahr verhaftet zu werden.

Sie gingen zurück in den Laden und tranken einen weiteren Kaffee. James saß gegenüber von Frank und beobachtete ihn. Alle waren still. James wartete auf irgendeine Entschuldigung oder irgendetwas, aber es kam nichts. Frank schlürfte seinen Kaffee und manchmal warf er seinen Sohn einen verstohlenen Blick zu. Irgendwann nickte er kurz und meinte: Washté! Es ist gut, dass du da bist!" Sonst nichts. Pat und Helen lachten angespannt und stupsten James verschwörerisch in die Seite.

Nachdem alle einen Kaffee getrunken hatten, inspizierten sie das Auto und stellten eine grobe Schadensbilanz auf. Was James nie für möglich gehalten hatte, war Tatsache: Der Unfallwagen funktionierte noch! Und dann hieß es auch schon Abschied nehmen. Pat und Helen boten James einen Platz in Pats Wagen an, aber er schüttelte nur lächelnd den Kopf. Pat grinste ihn schelmisch an und meinte, dass er mittlerweile ganz gut zu ihrer Truppe passte. James war sich nicht sicher, ob das als Kompliment gedacht war, aber er freute sich. Dann trennten sie sich.

Während James einen letzten Blick auf den rasch kleiner werdenden Toyota warf, hatten Frank und Sarah die Platzkarten für die ramponierte Rostlaube verteilt. Sie mussten alle auf der Fahrerseite einsteigen. James verkrümelte sich auf den Rücksitz. Sarah setzte sich ans Steuer. Es zog mörderisch durch das fehlende Fenster und James hatte das Gefühl, dass der Wind ihn jederzeit nach draußen ziehen könnte. Es war kalt. Aber Frank hatte offenbar bemerkt, was los war und gab ihm wortlos seine beiden Decken. Sie sahen sich kurz an und er meinte achselzuckend: „Du hättest mit den anderen fahren sollen."

In seiner Stimme lag kein Vorwurf. Resignation vielleicht.

„Nein, ist schon okay."

James kuschelte sich tief in die Decken. Um nichts in der Welt hätte er zugegeben, dass er genau da war, wo er sein wollte.

Danach wurde nichts mehr gesprochen.

In einem Vorort hielt Sarah schließlich vor einem mittelgroßen Haus mit Garten. Obwohl alles ein wenig ungepflegt auf James wirkte, war es doch ein himmelweiter Unterschied zu den heruntergekommenen Slumvierteln, die sie hinter sich gelassen hatten. „Wo sind wir?" James blinzelte.

„Das ist das Haus von Franks Schwester." Sarah zog den Zündschlüssel ab und wandte sich nach hinten.

„Wir müssen schlafen. Und essen." Sie lächelte. Unwillkürlich lächelte James zurück. Sarah erinnerte ihn in mancher Hinsicht an Catherine.

Dankbar registrierte James wenig später, dass das Haus innen warm und gemütlich war. Er war nämlich ein wandelnder Eisblock.

Außerdem musste er feststellen, dass er diesmal nicht der einzige Fremde war. Sarah war offensichtlich auch das erste Mal hier und kannte keinen der Anwesenden. Beide standen einfach da, während um sie herum alles in Bewegung war. James beschlich ein seltsames Gefühl der Vertrautheit. Eine Menge Leute, die bestens Bescheid wussten, und er, der keine Ahnung hatte. Aber noch bevor er diesen Gedanken zu Ende denken konnte, drückte man ihn und Sarah auf ein paar Stühle um den Küchentisch und eine Minute später wurden Eier mit Speck und Tassen voll dampfenden Kaffees vor sie hingestellt. Damit wurden sie im Handumdrehen Teil der Familie.

Das Chaos löste sich auf und James war ein weiteres Mal verblüfft, wie schnell er akzeptiert wurde, sobald sein Name fiel und Frank etwas in seiner Sprache hinzufügte, das er nicht verstand.

Nach dem Essen verschwanden Frank und Sarah zu einem keinen Mittagsschlaf in einem der Schlafzimmer. Auch James lag in einem frisch bezogenen Bett und versuchte vergeblich, Schlaf zu finden. Er war viel zu aufgedreht. Schließlich gab er es auf und ging wieder nach unten in die Küche, die sich inzwischen geleert hatte. Bis auf ein kleines Mädchen, das ihn neugierig anstarrte. „Hey, ich bin Danielle." Sie zeigte ihm ihre Zahnlücken.

„James." Er nickte und kam sich blöd vor. Mit Kindern wusste er nichts anzufangen. Das schien Danielle nicht weiter zu stören, denn sie griff beherzt nach seiner Hand und wenig später fand sich James zu seiner größten Verblüffung auf dem Rasen vor dem Haus wieder und lachte sich halbtot über Danielles übergeschnappten Hamster, der die verrücktesten Kunststücke vollbrachte, während Danielle verzückt auf ihn einplapperte und großzügig ihre Kartoffelchips mit ihm teilte. Als der Hamster erschöpft einschlief, schleppte Danielle zwei Fahrräder an und die beiden drehten lachend ihre Runden um das Haus. Irgendwann stand Sarah in der Tür und winkte.

„James?! Zeit zum Aufbruch!"

Keuchend brachte er das Rad vor ihren Füßen zum Stehen und grinste zu ihr hinauf. Er war todmüde. Das war die einzige plausible Erklärung für seinen Zustand.

„Fühlst du dich wohl?"

Er nickte. Das tat er wirklich. Als ihm das bewusst wurde, wurde er schlagartig ernst. Sarah reichte ihm eine Tasse Kaffee und fuhr ihm zaghaft mit der Hand durch sein kurzes, dichtes Haar. Er ließ es zu und trank einen Schluck.

„Das ist gut."

„Ja."

„Na, dann komm rein. Ich mache Frank noch schnell sein Haar, dann fahren wir los."

Kaffee trinkend sah James kurz darauf zu, wie Sarah Franks langes Haar kämmte und zu einem dicken Zopf flocht, der weit über seinen Rücken hinabfiel.

Zwei Stunden später sorgte dieser Zopf für regen Gesprächsstoff in einem Fast Food Restaurant, bei dem sie anhielten, um sich ein schnelles, billiges Abendessen zu gönnen. James, der noch immer darüber nachgrübelte, warum ihn plötzlich dieses Gefühl der Zugehörigkeit so glücklich machte, stellte erstaunt fest, dass er wirklich dazugehörte. Für die anderen Gäste waren Sarah, Frank und er offensichtlich eine typische indianische Familie auf ihrem Ausflug in die Großstadt. Sein Magen zog sich augenblicklich schmerzhaft zusammen. Alte, längst vergessen geglaubte Gefühle und Erinnerungen kamen wieder hoch. Das

Flüstern der neuen Klassenkameraden in der Schule. Die Blicke der Mädchen. Abschätzend. Kalkulierend. Unwillkürlich zog James die Schultern hoch. Wie oft hatte er den Drang verspürt, einfach davonlaufen zu wollen. An einen Ort, wo alle so wären wie er. Letztendlich hatte er sich damit abgefunden, dass es einen solchen Ort nicht gab. Seitdem versuchte er so zu sein wie die anderen. Mist! Was hatte er sich bloß dabei gedacht? Dass sich sein Aussehen verändern würde? Verdammt! James straffte die Schultern und hob den Kopf. Er zwang den Burger hinunter, auch wenn ihm jeder Bissen beinahe im Hals stecken blieb. Das erste Mal in seinem Leben benutzte er die Wut in seinem Innern als Waffe gegen die Welt und nicht gegen sich selbst.

Sarah und Frank schienen von all dem nichts zu bemerken. Sie aßen mit sichtlichem Vergnügen und James kam zu dem Schluss, dass Indianersein wohl Übungssache war.

Es wurde bereits dunkel, als sie das Restaurant verließen. Diesmal saß Frank am Steuer. James war fest in eine blaue Decke gewickelt, aber es gelang ihm nicht, warm zu bleiben. Der Wind blies kalt und stetig ins Auto und entzog ihm bald jede Wärme. James krümmte sich um sich selbst und schlief irgendwann ein.

Kurz vor zwei Uhr morgens weckte ihn Frank. Waren sie etwa schon da? Nein, aber in der Ferne ging ein heftiges Gewitter nieder und der Anblick der herabzuckenden Blitze über der weiten Ebene war atemberaubend. Dann erreichte das Unwetter das Auto und durch das kaputte Fenster prasselte der Regen. Es regnete hier nicht oft, aber jetzt schien sich der Himmel gegen die Familie verschworen zu haben oder schien genau zu wissen, dass auf der Rückbank ein frierender Junge saß.

Klatschnass erreichten sie schließlich den Trailer von Frank und Sarah in Vermillion und parkten das Auto außer Sichtweite hinter dem Haus. Frank warf eine schmutzige Plane darüber, doch

James war sich ziemlich sicher, dass sich bereits alles Wasser des Himmels im Inneren des Fahrzeuges befand. Im Haus verzogen sich alle in ihre Zimmer und schlüpften aus den nassen Kleidern. Die Stimmung war auf dem Tiefpunkt angelangt, wenn das überhaupt noch möglich war. James kletterte in das Bett und kuschelte sich unter die Decken. Gut, dass Catherine ihn nicht sehen konnte! Sie würde als überbehütende Mutter sonst bestimmt sofort vorbeikommen und ihm irgendwelche Vitamine verabreichen. Er empfand fast so etwas wie Schadenfreude. Es war ja nicht seine Idee gewesen, hierher zu kommen!

Sie schliefen lange, standen auf, aßen etwas, legten sich wieder hin. James hörte Musik. Hauptsächlich deshalb, damit ihm die Decke nicht auf dem Kopf fiel. Das Hochgefühl des gestrigen Tages war verflogen und mit ihm das Gefühl der Zugehörigkeit. James wusste nicht, was er sagen sollte. Die Leere in seinem Kopf war grässlich.

Dies war der erste Tag, an dem er und Frank mehr oder weniger zusammen waren, und es sah nicht gut aus. James hatte keine Ahnung, wie er sich verhalten sollte. Frank übrigens auch nicht. Irgendwie war es so, als würden sie bei dem Versuch sich gegenseitig auszukundschaften, ständig über ihre eigenen Füße stolpern. Und Sarah hielt sich aus allem heraus. Sie kochte, räumte auf, gab James eine Aspirin gegen seine Kopfschmerzen und telefonierte mit den Kindern.

Frank und James schwiegen sich aus. Keiner stellte dem anderen Fragen. Worüber auch? Sie kannten sich ja nicht. Normale Gespräche über Filme, Hobbys oder Lieblingsmusik schienen hier nicht möglich zu sein. Sah so der große Überdruss aus?

Reservationsgesichter

Sie schliefen wieder sehr lange. Ein Ausruhen vom Ausruhen. Sarah fing irgendwann an zu kochen. Sie aßen. Das Leben beschränkte sich hier auf das Wesentliche. Ellen brachte die Kinder vorbei. James war irgendwie erleichtert, die Kinder zu sehen. Sie lachten und Frank schien in ihrer Gegenwart seine Anspannung zu verlieren. James sah ihnen zu und überlegte, ob Frank wohl auch so liebevoll zu ihm gewesen war. Damals, ehe er zur Adoption weggegeben wurde.

Als Frank vor ihm stand und mit ihm redete, hatte er Schwierigkeiten den Sinn der Worte zu erfassen.

„James? Pack deine Sachen."

„Was?!"

Wurde er gerade rausgeworfen? Hatte Frank beschlossen, dass das Experiment gescheitert war? Hätte er etwas sagen sollen? Wenigstens versuchen sollen, eine Unterhaltung zu beginnen? James saß da und starrte seinem Vater ins Gesicht.

„Was ist los? Wir werden einige Tage unterwegs sein. Oder willst den Sommer hier auf dem Sofa verbringen?"

Bevor James die Gelegenheit hatte zu antworten, verließ Frank das Haus. Hilfesuchend sah James sich nach Sarah um.

„Es geht los. Sonst fällt dir noch die Decke auf den Kopf", meinte sie aufmunternd.

„Wohin?" Er wagte die Frage kaum zu stellen. Diese Leute schienen immer genau zu wissen, was in ihm vorging. Außerdem setzten sie offenbar voraus, dass er über dieselbe Fähigkeit verfügte. Was leider nicht der Fall war. Er wünschte, es wäre anders. Sarah lachte, als er ihr von seinen Gedankengängen erzählte. Bei ihr hatte er das Gefühl, dass sie ihn verstand. Ihr konnte er Fragen stellen, die er Frank nicht zu stellen wagte. Lag es daran, dass sie eine Frau war? Vielleicht. Sie unterschied sich nicht so sehr von anderen Frauen, die er kannte. Sie erinnerte ihn sogar in manchen Dingen an seine Mutter. Bei den Männern war das etwas völlig anderes. Sie wirkten so fremd auf ihn, dass er sich beinahe eingeschüchtert fühlte. Ständig fürchtete er, etwas falsch zu machen. Etwas falsch zu verstehen. James seufzte innerlich und zuckte zusammen, als ihm bewusst wurde, dass Sarah mit ihm sprach.

„Was?"

„Lower Brulé. Du wolltest wissen, wohin wir fahren. Ins Lower Brulé Reservat. Zu meiner Tante."

„Warum?" Er kam sich dämlich vor. Sarah schien das wie üblich nicht zu stören. Ob sie schon öfter mit Idioten zu tun hatte, die hier nach ihren Wurzeln gruben?

„Es ist Powwow Saison."

„Ach," wunderte sich James.

„Du weißt, was das ist, oder?" Sie legte den Kopf schief.

„Hm. Ja, klar." Er druckste verlegen herum.

„Keine Sorge, James, du wirst weder tanzen müssen noch sonst irgend etwas tun, das du nicht willst. Aber du solltest deine Familie besser kennenlernen."

„Meine Familie?" Er machte ein erstauntes Gesicht.

„Aber du sagtest doch eben, wir würden zu deiner Tante fahren, oder? Nicht zu … seiner." Verlegen wandte James den Blick ab. Sarah sah ihn lange an. Dann setzte sie sich behutsam neben ihn. Sie sagte eine Weile nichts, dann fragte sie ihn leise:

„Du magst deinen Vater nicht?"

„Er ist nicht mein Vater!"

Sie ging nicht darauf ein.

„Du magst Frank nicht besonders?"

„Ich kenne ihn nicht."

Sie lehnte sich zurück.

„Er dich auch nicht."

„Ist nicht meine Schuld," trotzte er bockig.

Sie sagte nichts.

Er sah sie ein wenig hilflos an. „Er redet nicht viel."

Sie hob erstaunt die Augenbrauen und er sah das amüsierte Aufblitzen in ihren Augen. Na schön! Er redete auch nicht besonders viel! Trotzdem fühlte er sich irgendwie ertappt und sah weg. Er wollte diesen Spott nicht. Mit einem Ruck stand sie auf und nickte ihm auffordernd zu: „Na los, hol deine Sachen."

„Sarah?" Er war auch aufgestanden.

„Ja?" Sie drehte sich in der Tür nach ihm um.

„Nichts. Schon gut. Ich bin gleich fertig."

„Keine Ursache." Sie lächelte und ging.

James starrte auf den hellen Fleck, an dem Sarah eben noch gestanden hatte, und schüttelte den Kopf.

Es regnete in Strömen, als sie unterwegs in einem mexikanischen Restaurant eine Pause einlegten. Frank hatte das Fenster notdürftig mit einem Fenster aus einem anderen Auto geflickt. Man konnte es nicht hoch und runterhebeln, aber es hielt zumindest den Regen ab. Es war nicht ganz dicht, denn seitlich lief immer noch eine Wasserspur an der Innenseite der Tür herab, sammelte sich am Boden und versickerte dann durch rostige Löcher im Bodenblech.

James beschlich das undeutliche Gefühl, dass sie sich mit jeder Meile in Richtung Reservat einer anderen Identität näherten. Frank trug seinen Zopf mit stolzer Gelassenheit. Jahrhundertelange Übung. James begriff, warum er selbst penibel darauf bedacht war, sein Haar kurz zu tragen. Er konnte es sehen. Er konnte es fühlen. Er wollte unsichtbar sein. Er wollte James Powell sein. Wollte er das? Sein Gesicht fühlte sich heiß an, als er die Blicke in seinem Rücken spürte, die ihm zu verstehen gaben, dass er vielleicht James Powell war, aber unsichtbar war er mit Sicherheit nicht.

Beim Essen lachten sie über das Baby, das vergnügt krähend seine Finger in den Chilieintopf steckte. James fühlte sich auf seltsame Weise so stark wie schon lange nicht mehr.

Dann rauschten sie in ihrem Thunderbird der Nacht entgegen. Great Plains. Meer aus Gras. Meer aus Mais- und Kornfeldern. Schilderwälder mit übergroßer Reklame an den Rändern des Highway. James' Blick hatte sich festgehakt. Es erschien ihm unmöglich, auch nur zu blinzeln. Dabei gab es gar nichts zu sehen. Nichts und alles. Ja, dachte James, hier war man nichts und alles. Wanderer im endlos leeren Raum der Zeit. Kein Wunder, dass die Leute hier Visionen hatten, überschnappten, aufgaben, zerbrachen oder hart wurden im Bewusstsein der eigenen Sterblichkeit.

James schüttelte müde den Kopf. Plötzlich riss es ihn herum. Auf dem Schild hatte es eben geheißen: Chamberlain. Where the West begins.

Sarah grinste über ihre Schulter nach hinten und hob vielsagend die Augenbrauen. James sah wieder nach draußen. Suchte nach Veränderungen und wurde prompt fündig. Die Maisfelder verschwanden abrupt. Keine Farmen mehr. Die Straßen wurden schlechter. Die Reklameschilder hatten sich in Luft aufgelöst. Fragend sah James in den Rückspiegel, wo ihn Franks Augen aufmerksam beobachteten.

„Wir sind im Reservat."

„Wo der Wilde Westen beginnt. Tatsächlich. „Es klang ironisch und James lauschte seiner eigenen Stimme nach. Das Land zeigte sich in seiner ursprünglichen Schönheit und raubte ihm den Atem. Er kam sich vor, als würden sie sich im schwerelosen Raum bewegen. Die Wirkung, die das Land auf ihn hatte, konnte er sich beim besten Willen nicht erklären. Er war noch nie hier gewesen und glaubte doch alles wiederzuerkennen. Das war absolut verrückt.

„Bin ich schon mal hier gewesen?"

Die Frage war ihm entwischt, bevor er darüber nachdenken konnte. Frank und Sarah drehten sich wie auf Kommando um.

„Nein." Sagten beide unisono.

„Komisch." James lehnte sich wieder zurück.

Sarah warf Frank einen fragenden Blick zu, aber der schüttelte nur leicht den Kopf. Dabei ließ er James nicht aus den Augen.

Wenig später erreichten sie das Ende der holprigen Piste. Ein einsames Haus mitten in der Prärie stellte sich als vorläufiges Ziel der Reise dar. Wieder wurde James fremden Leuten vorgestellt, die sich freuten ihn zu sehen. Wieder gab es gutes Essen und reichlich Gelächter. Inzwischen kam er besser mit dem schrägen Humor dieser Menschen zurecht und nahm auch nicht mehr alles persönlich. Manchmal zogen sie ihn ein bisschen auf, lächelten verhalten, wenn er mit Situationen konfrontiert wurde, die ihm allzu fremd waren. Oder sie redeten in ihrer Sprache, dann flogen die fremden Laute von einer Ecke des Raumes in die andere und er versuchte ihnen mit den Augen zu folgen.

Dann drehte er den Kopf von einem Sprecher zum anderen, schob dabei Essen in seinen Mund und kaute selbstvergessen darauf herum. James bemerkte kaum, dass er sich veränderte. Aber wenn ihn James Powell aus dem Spiegel ansah, fragte er sich manchmal, wer dieser Kerl eigentlich war.

Er bekam ein Zimmer ganz für sich allein und schlief im Bett von Sarahs Cousin Melvin, der das Wochenende über auf dem Powwow Gelände übernachten würde. Darüber war James eigentlich ganz froh, denn bisher hatte er nur mit Erwachsenen und Kindern zu tun gehabt. Ihm war nicht wohl bei dem Gedanken, sich vor Gleichaltrigen beweisen zu müssen.

Im Haus wurde es still. James lag da und ließ seinen Blick durch das Zimmer wandern. Ihm fiel auf, wie wenig persönliche Dinge sich hier befanden. Bei einem Mangel an Möbeln hätte er die Armut dafür verantwortlich gemacht, schließlich befand er sich in einer der ärmsten Gegenden Amerikas, zumindest behauptete dies das Internet. Aber das eigentlich Erstaunliche war das völlige Fehlen persönlicher Dinge.

Sein Zimmer zuhause in Chicago war vollgestopft mit diversen Besitztümern. Er kannte es nicht anders. Hier sah es so aus, als wollte niemand unnötig auf sich aufmerksam machen. Man war, wer man war und was man sagte, wie man handelte. War also Besitz in dieser Gesellschaft wirklich bedeutungslos, so wie es ihm seine Mutter immer erzählt hatte? Oder waren die Leute einfach nur bettelarm? Was sah er und was wurde ihm gezeigt? James lag in einem leeren Zimmer auf einem weichen, frisch bezogenen Bett, eingehüllt von einer warmen Decke und der Gastfreundschaft von Menschen, die ihm zwar unglaublich fremd waren, aber die er besser zu kennen glaubte als sich selbst. Noch nie hatte er sich wildfremden Menschen so nahe gefühlt.

Als er am nächsten Morgen aufwachte, waren die alten Ängste wieder da. Er warf einen Blick auf die Uhr und schaltete sein Handy ein. Drei Nachrichten waren auf seiner Mailbox. James lauschte. Im Haus war es noch still. Er entschied sich, zuerst seine Mails zu lesen und dann zur Toilette zu gehen. Catherine schickte ihm Grüße aus dem fernen Osten und hielt sich an ihre Abmachung, keine weiteren Fragen zu stellen. Kevin wollte wissen, ob er schon einen Weißen skalpiert hätte und ob es fließend Wasser gab. Kurz vor seiner Abreise hatten sie darüber gelacht und James hatte Kevin heiß beneidet, dass der seine Ferien auf den Bermudas verbringen durfte, während er zur Entdeckungsreise in die staubtrockene Prärie verbannt wurde. Jetzt blieb ihm das Lachen im Hals stecken. Kevin war sein bester Freund. Sie kannten sich seit der ersten Klasse und waren unzertrennlich. Aber im Augenblick fiel ihm beim besten Willen keine passende Antwort ein. Ihm wurde bewusst, dass er keine Ahnung hatte, was Kevin eigentlich von diesem Selbstfindungstrip hielt. Wie würde er wohl reagieren, wenn James mit langen Haaren zurück in die Schule käme und einen auf Ureinwohner machte? Jetzt musste er gegen seinen Willen grinsen. James las die letzte Nachricht. Laney fragte, wie es ihm ging. Sie beklagte sich, dass sein Handy dauernd ausgeschaltet war und er sich nie meldete. Dabei war er gerade mal vier Tage weg. Trotzdem tat ihm ihre Frage gut. Laney Reynolds saß in Geschichte und Englisch neben ihm. Manchmal unterhielten sie sich in der Pause. Sie fand es furchtbar interessant, dass James ein Lakota war und löcherte ihn dauernd mit Fragen. Intelligenten Fragen, das musste er zugeben. Er mochte Laney. Vielleicht war er sogar ein bisschen wegen ihr hier. Er klappte das Handy zu.

Als er auf dem Flur stand, hörte er leise Geräusche aus der Küche. Auf Zehenspitzen schlich er um die Ecke und blieb abrupt stehen, als er die vier aneinandergeschmiegten Gestalten auf dem Teppich vor dem Sofa liegen sah. Stocksteif stand er da und betrachtete das Gesicht seines Vaters, das im Schlaf entspannt und friedlich wirkte. Der Mund stand leicht offen und eine Haarsträhne hatte sich aus dem Zopf gelöst und ringelte sich über die Stirn. Er sah so ganz anders aus als auf den alten Fotos. James beugte sich vor und streckte seine Hand aus. Der Drang seinen Vater zu berühren war plötzlich übermächtig. Da bewegte sich Sarah. James Hand zuckte zurück. Hastig richtete er sich auf und verschwand im Badezimmer.

Eine halbe Stunde später saß er schon wieder eingekeilt zwischen den anderen am Tisch und frühstückte. Melvin war aufgetaucht und musterte ihn angestrengt, bevor er sich über den gebratenen Speck hermachte. Sarah hatte sie einander vorgestellt und beide hatten kurz genickt. Melvin war einige Jahre älter als James und sah aus, als befände er sich auf dem Kriegspfad. Sein Gesicht war mit schwarzer und weißer Farbe bemalt und sein hüftlanges Haar zierten Federn und bunte Bänder. Seine Mutter erklärte James, dass er als traditioneller Tänzer am Powwow teilnahm und auch bei den Wettbewerben in seiner Altersklasse gemeldet war. James hörte den Stolz in ihrer Stimme und nickte, obwohl er keine Ahnung hatte, wovon die Frau redete. Melvin registrierte das mit einem spöttischen Seitenblick und sprach demonstrativ nur noch Lakota. James tat so, als wäre ihm das egal, aber im Stillen verfluchte er Sarahs Cousin. Der Rest der Familie überbrückte den Zwischenfall mit noch mehr Essen und dadurch, dass sie ihn in Ruhe ließen. Frank tat so, als wäre nichts gewesen und James vergrub sich in seinem Stolz und bildete eine Mauer aus Ärger um sich herum.

Kurze Zeit später erhielt James die Möglichkeit, das Res, wie alle das Reservat nannten, bei Tageslicht in Augenschein zu nehmen. Keine Schatten, die das Land weich machten. Keine Dunkelheit, die die unschönen Seiten des Lebens verbarg. Nichts. Sarah erzählte, dass es in dieser Gegend eine Menge Seen gab, da der Fluss hier künstlich aufgestaut worden war. Sie meinte, das wäre ein großer Vorteil für die Leute, da die meisten Reservate unter chronischem Wassermangel litten, weil sie fernab von größeren Flüssen oder entsprechender Wasserversorgung lägen. Sie sparte sich einen Kommentar, warum das so war.

Anfangs begegneten ihnen nur wenige Autos. Was kein Wunder war, denn das Land schien menschenleer. James konnte weder Dörfer noch Häuser entdecken. Nur ab und zu bog eine staubige Reifenspur von der Schotterpiste ab, auf der sie sich befanden.

Einmal sah er in der Ferne einen einsamen Fußgänger. Mitten im Nirgendwo.

Plötzlich jedoch wurden es immer mehr Autos. Als hätten sie ein geheimes Signal empfangen, bewegten sich alle in eine Richtung, wurden magnetisch von einem bestimmten Ort angezogen. Eine eigenartige Aufregung lag in der Luft und James reckte seinen Hals in der Hoffnung, etwas Sichtbares zu erkennen. Was er schließlich sah, war ein Platz, der sich in nichts von seiner Umgebung unterschied, außer dass es dort von geschäftigen Leuten nur so wimmelte. Unzählige geparkte Autos, Tipis und ganz normale Campingzelte, Wohnwagen und voll beladene Pick-ups. In einer flachen Senke, die die Form einer natürlichen Arena hatte, war ein Rundbau errichtet worden, der einem Laubengang ähnelte. Zum Schutz vor Sonne und Regen war das Dach mit Zweigen abgedeckt. Darunter befand sich genügend Raum für mehrere Reihen von Bänken und Stühlen. In der Mitte des kreisrunden Platzes stand ein hoher Pfahl, an dessen Spitze sich eine Flagge träge im Wind bewegte.

James stand auf einem flachen Hügel und betrachtete das geschäftige Treiben um ihn herum, während Frank und Sarah ein kleines Zelt aufbauten, in dem Christine sofort mit einer großen Tüte verschwand. Frank schob die Hände in die Taschen seiner Jeans und beobachtete James unauffällig. Leute kamen und gingen. Kostüme wurden ausgepackt. Feuer brannten vor den Zelten. Ein plärrender Lautsprecher verkündete den nahenden Beginn des Festes. James wandte sich um.

„Ist das immer so?"

Frank warf einen Blick in die Runde und überlegte sich seine Antwort. Er redete wirklich nicht viel.

„Ja. Immer. Powwow bedeutet Treffen, Tanzen, Singen, Essen und Spaß haben. Zeigen, dass wir noch da sind."

James hatte aufmerksam zugehört und nickte.

„Was ist mit dir? Tanzt du nicht?"

„Nein. Aber Sarah und Christine."

Er schwieg. James verkniff sich die Frage, warum Frank nicht tanzte, und wartete, ob noch mehr kommen würde. Aber er wurde enttäuscht. Dafür tauchte eine völlig veränderte Christine aus dem Zelt auf. Ihr kleiner Körper war in ein eng anliegendes, seidiges Kleid gehüllt, von dessen Rock unzählige kleine Metallkegel baumelten, die einen klingelnden Rhythmus erzeugten, sobald sie sich in Bewegung setzte. Perlenbestickte, kniehohe Mokassins und ein fransenbesetztes Schultertuch vervollständigten ihr Kostüm. Aufgeregt rannte sie zu ihrem Vater, der ihr das feine Haar zu zwei dünnen Zöpfen flocht, an deren Enden er jeweils eine kleine Feder befestigte. Sarah war ähnlich gekleidet und trug die schlafende Dawn in eine Decke gewickelt auf dem Arm. Christine drehte sich vor James im Kreis und hüpfte fröhlich davon, als er ihr bewundernd zulächelte. Als sie dann zusammen den Hügel hinuntergingen, überkam James wieder dieses Gefühl der Zugehörigkeit, das ihm die Kehle zuschnürte. Ihm wurde bewusst, dass er das erste Mal in seinem Leben einer von vielen war. Er war praktisch unsichtbar.

Frank war in der Menge verschwunden. Sarah trug Dawn und Christine hatte ganz selbstverständlich nach James Hand gegriffen.

„Kommt, lasst uns einen Sitzplatz suchen. Gleich beginnt der große Einzug und wir haben keine eigenen Stühle dabei."

Sie hatte Recht, am Eingang des Tanzplatzes hatte sich die größte Menschenmenge versammelt, waren die prächtigsten Tänzer zu sehen. Wenige Minuten später waren alle Sitzreihen besetzt. James sah Großmütter und Großväter mit ihren Enkelkindern. Junge Mütter mit Babys wie Sarah und Dawn. Männer mit ernsten Gesichtern und Zigaretten in den Händen. Die meisten Jugendlichen hielt es dagegen nicht auf ihren Plätzen und sie waren ständig unterwegs, fädelten sich ein in den Strom von Menschen, der sich beständig im Uhrzeigersinn um die Tanzfläche bewegte. Fast wünschte James, er wäre einer von ihnen. Es summte und surrte in der Luft. Die Aufregung war beinahe greifbar.

Dann vibrierte der erste Trommelschlag durch die Luft und James vergaß, wo er war. Dem ersten folgten unzählige. Ein fremder Klang, ein fremder Rhythmus. Ebenso der Gesang. Die hohen Falsettstimmen der Männer waren enervierend und jagten James Schauer über den Rücken. Er reckte den Hals, um die Quelle dieser Musik zu erspähen, als der Gesang immer mehr anschwoll und der große Einzug der Tänzer begann.

Die Zuschauer erhoben sich von ihren Plätzen und Sarah gab James ein Zeichen, dass auch er aufstehen sollte. In überwältigender Fülle und Farbenpracht tanzten die Teilnehmer an den Zuschauern vorbei. Allen voran die Fahnenträger, die gemessenen Schrittes die Flaggen der Lakota Nation, des Brulé Reservates und das Sternenbanner der Vereinigten Staaten trugen. Kriegsveteranen.

Danach folgten die verschiedenen Gruppen der Tänzerinnen und Tänzer. Runde um Runde. Kreis legte sich um Kreis. In der Mitte des Platzes tanzten die Fahnenträger auf der Stelle, während sich immer mehr Menschen in kleinen Schritten zu der Musik der Trommeln und den Liedern der Sänger im Kreis bewegten. Sarah erklärte ihm die einzelnen Gruppen. Grastänzer. Fancy Dancer. Traditional. Viele trugen Nummern an ihrer Regalia und nahmen an den Wettbewerben teil.

James entdeckte Melvin, der mit abwesendem Blick an ihnen vorbei tanzte. Er sah fremdartig und eindrucksvoll aus. Dann verlor James ihn aus den Augen in dem Meer aus Adlerfedern, Glasperlen und Fransen. Zähne blitzten in dunklen Gesichtern. Augen glitzerten.

Sonnenbrillen. Mokassins. Turnschuhe. Zöpfe. Lederroben und Jeans. Powwow.

Plötzlich schwiegen die Trommeln. Alle professionellen Tänzer befanden sich nun in der Arena. Sie standen vollkommen still. Der Staub senkte sich. Schlaff hingen die Flaggen herab. Leise Worte waren zu hören, die aus dem Mittelpunkt aller Kreise kamen. Alles hielt den Atem an.

Dann ertönten die Trommelschläge erneut und die Füße der Tänzer folgten augenblicklich ihrem Ruf und setzten sich in Bewegung, schwebten auf den hohen Tönen der alles durchdringenden Stimmen. Es dauerte sehr lange, bis sie sich eine kurze Pause gönnten.

Bevor die Wettbewerbe anfingen, ging James noch einmal zum Zelt. Auch dort gab es eine Menge zu sehen. Der Übergang von der Vergangenheit zur Gegenwart und umgekehrt war fließend. Der Mann im Nadelstreifenanzug aus dem Wohnmobil von nebenan hatte sich in einen federgeschmückten Krieger verwandelt, der mit seinem Geschäftspartner in Arizona telefonierte. Als er das Gespräch beendete, winkte er James und bot ihm eine Cola an. Dabei erzählte er, dass er hier auf der Res geboren und aufgewachsen war, in Phoenix studiert hatte und jetzt mit seiner Familie in Tucson lebte. James trank in kleinen Schlucken die eisgekühlte Cola und lauschte fasziniert.

„Was ist mit dir, Junge? Kenne ich dich?"

„Nein." James schüttelte den Kopf.

„Du bist nicht von hier, was?"

„Nein." James war Neugier nicht mehr gewohnt.

„Woher stammst du?"

„Chicago." James leerte die Dose.

„Tatsächlich? Du erinnerst mich an jemanden. Wie heißt Du?"

„Powell." James starrte auf seine Füße.

„Hm. Nie gehört. Na dann. Ich muss gehen."

James nickte zum Abschied. Seine Hand zerdrückte die Dose.

Auf dem Weg zum Tanzplatz verfluchte James das Durcheinander seiner Gefühle. Er achtete nicht darauf, wohin er ging, und rempelte prompt jemanden an. Mit einer genuschelten Entschuldigung wollte er sich rasch verdrücken, als ihn die spöttische Stimme des Mädchens zurückhielt.

„Hey, wohin so eilig?!"

James hob den Kopf und sah in zwei funkelnde Augen, die ihn amüsiert musterten. Er erkannte ein üppig mit Glasperlen besticktes traditionelles Kostüm und lange, baumelnde Ohrringe, bevor er den Blick wieder abwandte.

„Tut mir leid." Er hob die Schultern und wollte schon weiter gehen, als er sich noch einmal umdrehte.

„Tolles Kleid."

Sie sah ihn mit schief gelegtem Kopf an und lächelte.

„Gefärbtes Betttuch."

James riss die Augen auf. Nahm sie ihn auf den Arm? Er sah ihr ins Gesicht, registrierte das schelmische Lächeln und das Licht, das sich vom Tanzplatz in ihren Augen spiegelte. Sein eigenes Gesicht war dort auch zu sehen. Er blinzelte. „Wir sehen uns."

Sie hob die Hand, berührte seine Schulter und verschwand in der Menge. Eine Weile versuchte James noch, sie im Auge zu behalten, aber dann gab er auf.

Später genoss er die letzten wärmenden Sonnenstrahlen und ein riesiges indianisches Taco von einer der Imbissbuden. Fasziniert verfolgte er den Wettbewerb der jungen Männer im Grastanz, die sich tatsächlich mit der Anmut von sich im Wind wiegenden Gräsern bewegten. Sie schienen den Boden kaum zu berühren. Die langen Fransen, mit denen ihre Kostüme verziert waren, flatterten und schwebten wie bunte Wolken im Takt ihrer Schritte um die biegsamen Körper, die sich der Erde zuneigten und dem Himmel entgegenreckten. Perlenschnüre schmückten die Gesichter, umtaumelten die Augen, deren Blick nicht auf diese Welt gerichtet schien. Nicht abwesend und verloren, sondern hoch konzentriert und entrückt.

„Wenn die Trommeln schweigen, müssen sie sofort stillstehen. Nur ein weiterer Schritt und sie sind disqualifiziert."

Das Betttuch-Mädchen war plötzlich neben ihm aufgetaucht und beobachtete ebenfalls das Geschehen in der Arena.

„Klingt kompliziert."

„Das ist es. Aber es ist wunderschön, nicht wahr?"

Sie sah ihn noch immer nicht an. Er nickte und meinte:

„Ja. Sie sehen aus wie farbige Wolken."

Jetzt spürte er ihren Blick, aber er drehte sich nicht um. „Der weiß-rote dort ist mein Bruder."

James folgte mit den Augen der Bewegung ihres Kinns, als sie auf einen der Tänzer wies. Schweigend sahen sie ihm eine Weile zu. Als der letzte Trommelschlag über den Platz hallte, war es, also ob ein Windstoß durch bunte Grasbüschel fuhr. Mitten in der Bewegung hielten sie inne. Keiner hatte einen unerlaubten Schritt gemacht. Die Menge applaudierte. James und das Mädchen schlossen sich dem Beifall an und kurz darauf eilte die weiß-rote Wolke leichtfüßig auf sie zu, packte das Mädchen, hob sie hoch und wirbelte sie johlend im Kreis herum. James sah staunend zu und trat vorsichtshalber ein paar Schritte zurück. Gerade als er sich abwenden wollte, fühlte er eine Hand an seinem Arm.

„Hey, wo willst du denn hin?"

Lachend stand das Mädchen neben ihrem Bruder und sah ihn fragend an. James deutete vage in eine unbestimmte Richtung.

„Die Leute, mit denen ich hier bin, sind da drüben."

„Die Leute, mit denen du hier bist?"

Der Bruder zog die Augenbrauen hinter den Perlenschnüren in die Höhe und legte den Kopf schief, um James besser in Augenschein nehmen zu können. Er hatte eine tiefe, angenehme Stimme und war einen Kopf größer als James. Sein Gesicht glänzte vor Schweiß und er war noch immer außer Atem.

„Haben diese Leute auch einen Namen?"

James sah von einem zum anderen und rang mit sich selbst.

„Stands Alone."

Er würgte den Namen heraus und blickte zu Boden. Als keine Antwort kam, sah er wieder hoch. Zwei ernste Gesichter schauten ihn an. Das Lachen hatte sich in die Augen zurückgezogen, stattdessen musterten sie ihn nun ausgesprochen freundlich.

„Dann bist du also James."

Das war keine Frage, sondern eine Feststellung.

James blieb nichts anderes übrig als zu nicken. Kannte eigentlich jeder seinen Namen und den Grund seines Hierseins?

„Mein Name ist Jerome. Jerome Yellow Wind. Und das ist meine Schwester Holly." Er streckte die Hand aus. James griff zu.

„James." Sie lachten.

„Du kommst aus Chicago, nicht wahr?"

Zu dritt schlenderten sie im Uhrzeigersinn um den Tanzplatz. Jerome hatte seinen Buffalo-Burger zur Hälfte verschlungen und tänzelte neben ihnen her.

Holly hatte erklärt, dass es vorhin nicht die letzte Runde des Wettbewerbes gewesen war, sondern dass die Tänze sich über das ganze Wochenende hinzogen. Ihr Bruder brauchte das Preisgeld, um sich ein Auto leisten zu können. Außerdem wollte er vielleicht mal aufs College. Jetzt musterte sie James mit schlecht verhohlener Neugier und wartete auf seine Antwort.

„Ja. Meine Eltern haben mich adoptiert als ich zwei Jahre alt war. Seitdem lebe ich in Chicago. Aber wenn der Sommer vorbei ist, gehe ich nach New York. Mein Dad hat dort einen Job bekommen und ich …"

James unterbrach sich, als er merkte, dass Holly stehengeblieben war. Sie starrte ihn an.

„Was ist?" James sah von ihr zu ihrem Bruder, der gedankenverloren den letzten Bissen kaute und seine langen Zöpfe schwungvoll nach hinten warf.

„Es hieß, du würdest kommen, um zu bleiben."

„Sagt wer?"

Jerome hob die Schultern und verdrehte die Augen. Holly zupfte einen unsichtbaren Fussel von ihrem Kleid und vermied es, James anzusehen.

„Frank Stands Alone? Steckt er dahinter?"

„Dein Vater? Nein, er ist noch nicht lange hier. Er ist ein Hunkpapa aus dem Standing Rock Reservat. Seine Familie lebt hauptsächlich dort. Und in Rapid City."

„Frank ist was?"

„Ein Hunkpapa. Weißt du das denn nicht?"

„Nein. Was ist ein Hunkpapa?"

Holly und Jerome sahen einander ehrlich erstaunt an.

„Wir sind Brulé. Dein Dad ist Hunkpapa. Das sind zwei der sieben Stämme der Lakota Nation."

„Was ... was war meine Mutter?"

„Bernice Miller? Ich weiß nicht. Aber ich glaube, sie war eine Oglala aus Pine Ridge. Sie war weggegangen."

„Weggegangen? Was heißt das?"

„Oh, sie hat in Denver gelebt. Da ist ..."

„Warte, warte! Ich weiß, dass sie in Denver gelebt hat. Aber so, wie du es gerade gesagt hast, hast du etwas anderes gemeint. Was?"

James hatte Holly am Arm gepackt. Er war blass im Gesicht und konnte nur mit Mühe atmen. Zu viele Informationen, die er nie hatte bekommen wollen, stürmten auf ihn ein.

Jerome griff nach James Hand und löste sie behutsam vom

Arm seiner Schwester. Er schob sie etwas zur Seite und wandte James seine ganze Aufmerksamkeit zu.

„Deine Mutter ist weggegangen, als sie noch sehr jung war. Sie wollte hier nicht leben. Sie wollte keine Lakota mehr sein. Und sie wollte nichts mehr mit ihrem Volk zu tun haben. Deshalb wissen wir nichts über sie."

„Aber wie …?"

Jerome schüttelte energisch den Kopf und zog seine Schwester mit sich. „Du solltest deinen Vater fragen."

„Er redet nicht mit mir!"

„Wirst du mit ihm reden?"

„Verdammt! Was wollt ihr eigentlich von mir? Lasst mich doch in Ruhe!" James machte auf dem Absatz kehrt und rannte davon. Er hatte es satt, dass alle immer nur Andeutungen machten oder überhaupt nicht mit ihm redeten.

Als er endlich Sarah mit den Kindern entdeckte, war er außer Atem und sein Herz schlug wie wild. Er blieb stehen, um zur Ruhe zu kommen und beobachtete, wie Frank zu der kleinen Gruppe stieß und den Arm um die Schultern seiner Frau legte. Christine krabbelte auf seinen Schoß und schmiegte sich an ihn. James erkannte trotz der Dunkelheit, dass Frank zum ersten Mal entspannt wirkte. Zögernd machte er einen Schritt auf sie zu, doch als Frank sich umdrehte, blieb James zögernd stehen. So viele Fragen! Aber er wusste nicht, wie er sie stellen sollte. Aber es war nicht Frank gewesen, der ihn fortgegeben hatte. Frank war immer noch Lakota, das war deutlich zu sehen. Sein Vater sah ihm unverwandt in die Augen und James erwiderte den Blick. Sein Herz beruhigte sich.

James setzte sich schweigend zu den anderen um das Feuer und starrte in die Glut. Es war schön hier. Und irgendwie war es plötzlich völlig normal, in ein kleines Zelt zu schlüpfen und unter Wolldecken zu schlafen. Wenn er es gewusst hätte, hätte er seinen Schlafsack mitgebracht, aber so war es irgendwie besser. Noch lange hörte er das Singen und Trommeln und glitt hinüber in die Traumwelt. Seltsam, seitdem er hier war, hatte er diesen Alptraum nicht mehr gehabt.

Am nächsten Morgen saß James mit den anderen beim Frühstück und lauschte den Stimmen um sich her. Melvin war heute nicht da, was er mit einer gewissen Erleichterung registriert hatte. Dafür verschlang dessen jüngerer Bruder Lester eine Riesenportion Eier mit Speck. Lester war zwölf, wie sich im Laufe des Morgens herausstellte. Ihn plagten weder ein besonders ausgeprägter Nationalstolz noch irgendwelche Vorurteile gegenüber schweigsamen Besuchern aus Chicago. Er war eine sprühende Frohnatur, was offenbar von der gesamten Familie geschätzt wurde. Nicht einmal James vermochte sich dem Gelächter und der guten Laune zu entziehen. Als Lester ihn dann fragte, ob er nicht Lust hätte, zum Baden zu gehen, nickte er. Der Tag versprach heiß zu werden und sie würden frühestens am späten Nachmittag zum Powwow gehen.
Zu sechst quetschten sie sich in den Thunderbird und fuhren zum nächstgelegenen Stausee. Es war Sonntag und überall an den günstigen Stellen des Sees hatten sich Familiengruppen niedergelassen, um den Tag zu genießen und sich von der Hitze zu erholen.
Tatsächlich war es wunderschön, das musste James zugeben. Die Prärie rings umher. Kein Haus. Kein Lärm. Nichts. Dafür Wasser, vom Wind leicht gekräuselt, Sand unter den Füßen, Grillengezirpe und strahlend blauer Himmel.

Die Stille fand ein Ende, als Lester mit Christine durch das seichte Gewässer in Ufernähe tobte und die beiden James so lange vollspritzten, bis er sich knurrend auf sie warf. Danach gab es

Wasserschlachten und Gekicher bis zur totalen Erschöpfung. Als dann alle, mit Ausnahme von Baby Dawn, im hüfttiefen Wasser standen und sich die Haare wuschen, tat James ganz selbstverständlich dasselbe. Fünf schäumende Köpfe, in einer Reihe stehend, reagierten mit gespielter Panik, als die Shampooflasche langsam in die Strömung geriet und begann abzutreiben. Lester und James hechteten gemeinsam hinterher und retteten das wertvolle Stück. Gründlich gewaschen und geschrubbt kletterten schließlich alle ans Ufer und ließen sich die Sonne auf die Haut scheinen und die Haare im Wind trocknen. James mochte Lesters Späße. Außerdem wirkte seine eigene Kurzhaarfrisur richtig üppig im Vergleich zu Lesters Stoppelschnitt, sodass er sich nicht mehr so sehr wie ein Außeneiter fühlte. Nach einer kurzen Pause begann das Spiel von Neuem. Aber diesmal zogen sich Frank und Sarah in tieferes Wasser zurück. James wollte nicht neugierig sein, aber ab und zu warf er einen Blick Richtung Romantik, was ihm einen Rippenstoß von Lester einbrachte.

„Was ist los? Siehst du deinen Eltern immer beim Küssen zu?"
Lester hielt sich nicht mit Umwegen auf, sondern kam direkt zur Sache. Obwohl er jünger war als James und meistens ein breites Lächeln sein Gesicht zierte, kam er James viel älter vor. Wie jetzt zum Beispiel. James wusste nicht, was er sagen sollte. Stattdessen wurde er rot. Lester grinste.

„Wie sind deine anderen Eltern?"

„Okay."

„Hm. Wie ist Chicago?"

„Okay."

„Kannst du noch was anderes sagen?"

„Was weißt du über Frank?"

Lester sah ihn eine Weile an. Dann warf er einen kurzen Blick Richtung Erwachsene und stieg aus dem Wasser. Am Ufer ließ er sich auf seinem Handtuch nieder und beobachtete Christine beim

Bau einer Sandburg. James setzte sich neben ihn und wartete.

„Was willst du wissen?"

„Warum war er im Gefängnis?"

„Das erste Mal? Er hatte sich mit dem FBI angelegt."

„Dem FBI?!" James schnappte nach Luft wie ein Fisch auf dem Trockenen. „Und wieso das erste Mal?!"

„Das war vor deiner Geburt. Das zweite Mal musste er wegen Einbruch in den Knast. Aber sie hatten schon immer was gegen ihn." Lester zuckte die Achseln. „Egal, was er machte."

„Wer?"

„Die Wasicu."

„Wer?!"

„Oh. Der Weiße Mann."

„Warum?"

„Warum was?"

„Warum hatten die was gegen ihn? Weil er Indianer ist?"

„Hm. Du magst die Weißen, was?"

„Ich weiß nicht. Hab ich noch nie drüber nachgedacht."

Lester schnaubte verächtlich und schüttelte den Kopf.

„Du wärst aber gern einer."

James zuckte zusammen und sah hinaus aufs Wasser.

„Sagt wer?"

„Melvin. Er sagt, du wärst ein Apfel."

Eine Zeitlang schwiegen sie. Seltsamerweise war James weder wütend noch beleidigt. Traurig irgendwie. Obwohl er die Antwort zu kennen glaubte, stellte er eine letzte Frage.

„Was ist ein Apfel?"

„Außen rot, innen weiß. So wie du."

„Was denkst du?"

„Ist mir egal."

Lester grinste ihn an und rannte zurück ins Wasser.

Diesmal kamen sie zu spät zum Powwow. Der große Einzug hatte bereits begonnen und es gab nur noch wenige Sitzplätze. Lester war mit ihnen gefahren, hatte sich aber bald von ihnen getrennt, als seine Freunde aufgetaucht waren. James dachte flüchtig daran, beim Auto zu bleiben, aber dann erinnerte er sich, dass Jerome bei den Endrunden des Grastanz-Wettbewerbes dabei sein würde, und das wollte er nicht verpassen.

Er ließ die anderen vorausgehen und hielt sich im Hintergrund. Der Blick über den Tanzplatz hinweg erlaubte freie Sicht auf die offene Prärie. Der Missouri wand sich wie eine riesige Schlange durch das Grasland. Tiefblau, weil der Himmel sich in seinen Wassern spiegelte.

Nebenan hatten sich einige Leute zusammengefunden. Ein paar Männer schlugen die Trommel und sangen leise dazu. Langgezogene Töne, auf- und abschwellend. Es war, als würden sich die Stimmung des Augenblicks und die Farben der Landschaft in der Musik fortsetzen, durch sie bewegt werden. Der Missouri schien plötzlich sehr nah zu sein.

James hielt sich zuerst abseits auf, doch dann lief er in Richtung des Powwow-Platzes, der Arena, wie die Lakota sagten. Er hoffte, dass er lange genug gewartet hatte, damit er niemandem begegnen würde, der ihn kannte. Da er keine Lust hatte zu reden, suchte er sich selbst einen Platz, was er schon wenig später bereute. Hinter ihm hatten sich einige Jugendliche niedergelassen, die es offensichtlich mit dem Alkoholverbot beim Powwow nicht so genau nahmen. Schlechte Witze und anzügliches Gerede machten die Runde. James ballte die Hände zu Fäusten und sah starr geradeaus. Plötzlich waren sie verschwunden und mit ihnen die Wut und der Frust.

„Was ist los mit dir, James? Willst du dich nicht zu uns setzen?"

James wirbelte herum. Frank stand hinter ihm. Der Staub, den die Tänzer hochwirbelten, verwischte die Sicht, trieb James

Tränen in die Augen und ließ ihn trocken schlucken.

„Du musst nicht hier sein. Das weißt du, oder?", meinte sein Vater ernst.

Mehr als ein Nicken brachte James nicht zustande. Sein Vater hatte wie üblich die Hände in den Jeanstaschen und seine dunklen Augen blickten ernst und ruhig.

„Wenn du nach New York möchtest ..."

Der Satz hing zusammen mit dem Staub in der Luft. James fand seine Stimme wieder und schüttelte den Kopf.

„Nein."

„Was willst du dann?"

„Ich will wissen, wer ich bin."

Jetzt war es heraus. James war über sich selbst erstaunt. Bevor ihn der Mut verließ, redete er weiter.

„Bisher weiß ich nur, wer ich nicht bin. Ich bin nicht James Powell. Aber James Stands Alone bin ich auch nicht. Ich bin nur wütend. Die sagen, ich wäre ein Apfel. Und meine Mutter wollte nichts mit euch zu tun haben. Wieso gibt es mich dann? Was hatte sie mit dir zu schaffen? Wer bist du überhaupt?"

Das alles stürzte aus ihm heraus. Dann schwieg er erschöpft. Franks Gesicht war eine undurchdringliche Maske. Selbst die Augen wirkten leblos. Er sagte lange nichts.

„Ich kann dir nichts versprechen. Und es gibt Dinge, über die ich jetzt noch nicht mit dir reden kann. Ich bin nicht dein Feind. Vielleicht war ich kein guter Vater für dich, aber wenn du den Sommer über bleibst ..."

„Ich bleibe." Woher war das gekommen? Hatte er das wirklich eben gerade gesagt?

James stand auf. Sein Vater nickte und wandte sich zum Gehen, als James ihn ganz sanft am Arm fasste.

„Frank?"

„Ja?"

„Ich hasse dich nicht."

„Washté."

Sie sahen sich an. Franks Augen wirkten lebendig.

„Dann lass uns zu Sarah und den Kindern gehen."

Nach den ersten Schritten blieb James stehen.

„Hältst du mich auch für einen Apfel?"

„Einen Apfel?"

„Ja. Außen rot und innen weiß. Denkst du das auch über mich?

„Wer denkt es denn noch?"

„Ist das wichtig?"

„Für dich offenbar schon."

„Melvin."

„Melvin?! Du machst dir Gedanken darüber, was Melvin denkt?"

„Na ja. Nicht nur er."

Frank zog fragend die Augenbrauen hoch.

„Jerome und Holly Yellow Wind."

„Die Yellow Winds?!"

Frank fing an zu lachen. Sein Lachen war tief und angenehm.

„Sehr komisch. Was habe ich denn gesagt? Was ist mit den Yellow Winds?"

James tänzelte vor Frust auf den Zehen.

„Jerome ist der beste Grastänzer, den ich je gesehen habe. Und Holly ist ein verdammt cleveres Mädchen. Wenn die beiden dich für einen Apfel halten würden, hätten sie wohl kaum mit dir gesprochen." Frank schüttelte amüsiert den Kopf.

„Wie meinst du das?"

„Sie mögen keine Äpfel!" Frank lachte erneut.

Jerome war tatsächlich der beste Grastänzer. Das fanden auch die Schiedsrichter, die ihm am Ende den ersten Preis zusprachen. Fünfhundert Dollar waren eine Menge Geld und James freute sich für Hollys Bruder.

James saß gerade bei seiner Familie und unterhielt sich mit Sarah, als Holly plötzlich bei ihnen auftauchte und James an beiden Händen packte und mit sich zog. Widerstrebend ließ er sich von ihr auf die Tanzfläche ziehen, wo sie sich zu anderen Pärchen gesellten. James schwante nichts Gutes und er entzog Holly seine Hände mit einem Ruck.

„Nein! Ich werde auf keinen Fall tanzen!"

„Komm schon, James! Stell dich nicht so an!"

Sie griff wieder nach seinen Händen und wenn James sich nicht vollends lächerlich machen wollte, musste er wohl oder übel das Spiel mitspielen. Was auch immer es war.

„Das ist der Rabbit-Dance."

„Rabbit-Dance?"

„Genau. Was für Pärchen." Sie grinste breit.

„Du machst Witze." James stöhnte innerlich.

„Nicht die Spur." Das Grinsen wurde breiter.

„Was sagt dein Freund dazu?" Ein letzter Strohhalm.

„Der sträubt sich gerade heftig." Jetzt lachte sie laut.

In diesem Moment setzten die Trommeln ein und James Antwort versickerte ungehört im Staub. Ihm blieb nichts anderes übrig, als sich von Holly führen zu lassen. Die Schritte und Drehungen waren nicht besonders schwer und so glitten er und Holly würdevoll mit den anderen Paaren durch den Staub. Nach einer Weile bemerkte James, dass es ihm Spaß machte. Großen Spaß sogar. Als die Trommeln schwiegen, hätte er gerne weiter getanzt, aber Holly tätschelte ihm den Arm und war gleich darauf in der Dunkelheit verschwunden.

Frank und Sarah mahnten zum Aufbruch. Die Nacht wurde langsam empfindlich kalt und das Baby durfte nicht krank werden. Sie kauften sich noch etwas Frybread und machten sich auf den Heimweg. In totaler Finsternis stolperten sie auf den Hügel, wo Frank die Scheinwerfer anschaltete, damit sie das Zelt abbauen konnten. Christine schlief bereits auf dem Rücksitz und James hätte sich liebend gern dazugelegt. Sie verstauten das Zelt im Auto und fuhren los. Frank machte sie darauf aufmerksam, dass es bereits zwei Uhr morgens war und gähnte dabei herzhaft in den Rückspiegel.

Kurz vor der Morgendämmerung erreichten sie das Haus der Tante und krochen übermüdet in ihre Betten. Baby Dawn und Christine blinzelten nur kurz, als sie von Sarah und Frank ins Haus getragen wurden. Kind müsste man sein, dachte James fast ein bisschen neidisch.

Am nächsten Nachmittag brachen sie auf. James grüßte die freie Prärie, die sie nun wieder hinter sich ließen, mit den Augen und fragte sich, wie frei dieses Fleckchen Gras sein konnte in einem Meer aus Feldern.

In Chamberlain machten sie kurz halt, um zu tanken. Sarah konnte nicht widerstehen und ging in den Laden, um James die Postkarte zu kaufen, die besagte, dass hier der Westen begann. James begleitete sie und stellte fest, dass die Motive hauptsächlich von der anderen Seite des Flusses stammten. Von dort, wo man sich in einer anderen Welt glaubte.

Er kam aus dieser Welt. Das konnte er ohne Schwierigkeiten an den Gesichtern der Leute, die sich ebenfalls in dem Laden befanden, ablesen. James rückte seine Schultern zurecht und sah an sich herab. An den Kleidern konnte es nicht liegen, alles sauber. Sie rochen auch nicht unangenehm und keiner von ihnen wies irgendwelche absonderlichen Gebrechen auf. Sarah war sogar sehr hübsch. Das Baby auf ihrem Arm niedlich. Er konnte nichts Auffälliges an ihnen entdecken. An den anderen Leuten allerdings auch nicht. Trotzdem starrten die Weißen sie unverhohlen an. Warum? Die Antwort war denkbar einfach, schwebte über ihnen im Raum und war mit den Händen zu greifen. James musterte die Postkarte, dachte an das freie Land und sah sich zum ersten Mal mit den Augen und Gedanken der anderen. Er und seine Familie kamen von den fremden Orten jenseits des Flusses. Es waren ihre Gesichter, die sie verrieten, die überdeutlich darauf hinwiesen, woher sie kamen und wie fremd sie waren. Aus Indianerland. Reservationsgesichter!

James wurde höflich bedient. So, wie alle anderen Kunden auch. Nichts drang an die Oberfläche. Nur die Touristen riskierten einen offenen Blick, zeigten unverhohlene Neugier. Nicht unfreundlich. Nicht wirklich aufdringlich. Aber auch nicht unbedingt angenehm. James ließ sich nichts anmerken. Unverbindlich und glatt war sein Gesicht. Wie das von Frank. So wie das von Sarah. Reservationsgesichter eben.

Sie fuhren weiter nach Südosten. Ließen Gras und Sonne hinter sich und begrüßten Maisfelder und einen roten Mond.

Am darauffolgenden Morgen erwachte James wieder in seinem kleinen Trailerzimmer, räkelte sich genüsslich und ging gähnend ins Bad. Sarah machte Frühstück und erzählte dabei, dass Frank schon früh losgefahren sei, um sich nach einem Job umzusehen. Sie selbst wollte einkaufen und anschließend bei ihrer Mutter vorbeischauen. James nickte mit vollem Mund, als sein Handy klingelte. Hastig schluckte er, entschuldigte sich und verschwand in seinem Zimmer. Beim siebten Klingeln hatte er das Handy endlich aufgestöbert.

„Ja?"

Catherines Stimme erschien ihm fremd. Sie plapperte fröhlich drauf los und berichtete über die neuen Möbel, den Fernseher und einen tollen, kleinen Tibet-Teppich, den sie gerade eben erstanden hatte. James hörte kaum zu. Als sie sich nach wenigen Minuten schon wieder verabschiedeten, war er beinahe erleichtert. Erschrocken starrte er das Handy an und fragte sich, wer von ihnen beiden wohl dem anderen gegenüber fremd geworden war.

Am westlichen Horizont türmten sich dunkle Wolken. Es roch nach Regen. Frank kam nach Hause und sagte kein Wort. Als in dieser Nacht der Donner über das Land rollte und blaugeäderte Blitze durch die Dunkelheit zuckten, ging Frank nach draußen. James konnte nicht erkennen, was er in seinen Händen hielt, aber er hörte seine Stimme, die er hinaus in die Nacht schickte. Als Frank wiederkam, fiel köstlich kühler Regen und James schlief neun Stunden ohne Unterbrechung.

So verging die Woche. James wurde Teil der Familie und des Haushaltes, ohne dass es ihm groß aufgefallen wäre. Inzwischen kannte er den Weg zur Uni und zu Ellens Haus und fuhr manchmal mit Franks Fahrrad dorthin. Es gab nicht viel zu tun und so dachte er viel nach, schrieb einen langen Brief an Laney, in dem er ihr ausführlich das Powwow beschrieb, weil er wusste, dass sie sich darüber freuen würde. Er hatte keine Lust auf die neuen Computerspiele, die ihm seine Mutter extra für diese Reise besorgt hatte, damit ihm nicht langweilig wurde. Er fand es seltsam, dass er oft gar nichts tat, einfach nur dasaß und sich dabei in keinster Weise langweilte. Einmal half er Ellen im Büro. Er kopierte einen Stapel Unterlagen und druckte Adressen auf Briefumschläge. Dabei sprachen sie nicht viel. Das gefiel im mittlerweile auch irgendwie. Dieses Schweigen, wenn es gerade nichts zu sagen gab. Mit Duane, Ellens Mann, verstand er sich inzwischen ganz gut. Duane versuchte, ihm Lakota beizubringen. Das war nicht leicht. Meistens endete der Unterricht in Gelächter.

Einmal fuhr Frank mit ihm zum Ufer des Missouri. Sie schlenderten zum Wasser hin und ehe James wusste wie ihm geschah, hatte ihn sein Vater bereits in den Fluss geworfen. Mitsamt Kleidern war er ihm anschließend hinterher gesprungen. James hatte gelacht. Frank auch. Später saßen sie dann trotz nasser Kleider am Ufer und beobachteten, wie die Dunkelheit mit langsamen, großen Schritten gelassen über das Land glitt. Sahen zu, wie die letzten Sonnenstrahlen durch das Blätterdach der uralten riesigen Uferbäume gefiltert wurden. Sie bewegten sich kaum, sprachen kein Wort, aber James hatte das Gefühl, als hätten sie stundenlang geredet.

Spät am Abend saßen sie dann zu dritt auf dem Fußboden im Schlafzimmer und sahen sich Fotos an. Sarah hatte einen Koffer voller Erinnerungen angeschleppt und es bereitete ihr sichtlich Vergnügen, diese Erinnerungen mit ihrem Mann und James zu teilen. Alte und neue Geschichten wechselten die Besitzer und Gelächter erfüllte den Raum.

Nebenan spielte Christine mit einer kleinen Freundin, die bei ihnen übernachtete. Die beiden unterbrachen ihr Spiel auch dann nicht, als James kurz nach Mitternacht über sie hinwegstieg, um in sein Zimmer zu gelangen. Die Abwesenheit der Erwachsenen nahmen sie kaum zur Kenntnis und an Schlaf dachten sie erst, als sie zum Denken schon zu müde waren und gegen zwei Uhr morgens plötzlich verstummten. Am Morgen darauf lagen sie in ihren Kleidern hingestreckt zwischen den Spielsachen. James konnte sich ein Lachen nicht verkneifen, als er abermals über sie stieg, um zur Kaffeemaschine zu gelangen. Er summte vor sich hin.

Es war Freitag. Freitage waren Aufbruchstage. Zumindest hier. In Süd Dakota. Im August. Zur Zeit des Sommers und der Powwows.

Das Auto hatte zwischendurch seinen Geist aufgegeben und Frank sah sich gezwungen, einige Reparaturen durchzuführen. Trotz Geldmangels fuhr der Thunderbird am Ende wieder geradeaus und die Beifahrertür erhielt ein weiteres Fenster, das vielleicht keinen Regen mehr hineinließ.

Powwow, Poker und grinsende Hunde

Es war schon ziemlich spät, als sie in dieser Nacht das Ziel ihrer Reise erreichten. Fort Thompson, Sarahs Familie und das Powwow. Sarah erklärte James, dass das Crow Creek Reservat direkt neben dem Lower Brulé Reservat lag. James musste zugeben, dass er keinen Unterschied feststellen konnte. Er hatte angenommen, sie würden wieder zu Sarahs Tante Pauline fahren. Stattdessen wartete ihr Bruder Billy auf sie. Mitten im Nirgendwo. Schwarzer Samt umhüllte die roten Rücklichtmonde von Billys Pick-up, der ihnen in der Nacht vorausfuhr. Schwarzer Samt verschluckte die Welt, als sie Billy folgten, der den Sternen hinterherfuhr. James stellte sich vor, dass es sich so auf der Milchstraße reiste.

Irgendwann waren die Lichter von Fort Thompson aufgetaucht. In dem kleinen, spärlich eingerichteten Haus von Billy saß eine Poker spielende Männerrunde um den Küchentisch, die die Neuankömmlinge mit einem freundlichen Hallo begrüßte. Sie warfen einen kurzen Blick auf James und winkten ihn zu sich. Ihm blieb nichts anderes übrig, und so saß er wenig später eingekeilt zwischen Jay und Richard und wusste nicht, wie ihm geschah. Sarah war keine große Hilfe. Sie saß mit ihrer Schwägerin, umgeben von einer Kinderschar, auf einem durchhängenden alten Sofa, dem einzigen Möbelstück außer dem Fernseher im Wohnzimmer, und unterhielt sich. Frank war nirgends zu sehen

Richard, ein Mann mittleren Alters mit langen Zöpfen und einem enormen Bauchumfang, weihte James in die Geheimnisse des Pokers ein. Außerdem erzählte er ihm nuschelnd von seiner Zeit in der Army, als er irgendwo in Deutschland stationiert gewesen war. Er murmelte etwas von besseren Zeiten vor sich hin und verlieh seinen Worten Nachdruck, indem er die leere Bierdose in seiner Hand zerdrückte und sie mit einer resignierten Geste auf die anderen fallen ließ, die neben seinem Stuhl lagen. James brach der Schweiß aus und er versuchte vergeblich, sich auf das Spiel zu konzentrieren. Wie konnten sie ihn mit diesen armseligen Säufern allein lassen?

Aber er war nicht allein. Sarah saß noch immer auf dem Sofa. Ohne Kinder und Schwägerin. Und er brauchte nur aufzustehen und zu ihr zu gehen.

Die Entscheidung wurde ihm abgenommen, als sich die Runde plötzlich auflöste und verschwand. Verlegen stand James auf und setzte sich zu Sarah aufs Sofa. Sie sah ihn müde an.

„Tut mir leid, James."

Erstaunt blickte er auf. Seine Müdigkeit war wie weggeblasen.

„Was meinst du?"

Sie hob die Schultern und lehnte sich zurück.

„Das hier. Frank wollte nicht, dass wir hierher kommen. Er trinkt nicht, weißt du. Er wollte nicht, dass du …"

Sie ließ den Satz in der Luft hängen.

„Er wollte nicht, dass ich betrunkene Indianer sehe. Ist es das? Aber jeder weiß doch, dass…"

Erschrocken schlug er sich die Hand auf den Mund.

„Tut mir leid. Ich wollte nicht … ich …"

Sarah nahm seine Hand und schüttelte den Kopf.

„Schon gut, James. Ich weiß, was du sagen wolltest."

„Aber es stimmt nicht! Ich weiß jetzt, dass es nicht stimmt! Du hast selbst gesagt, dass Frank nicht trinkt und …"

Sie stand auf und sah auf ihn hinunter. Den Ausdruck in ihren Augen hatte James noch nie gesehen und er machte ihm Angst. Hastig fuhr er fort.

„Ich hatte keine Ahnung. Ehrlich."

„Ich weiß, James. Ich weiß."

„Wo ist Frank?"

„Ich weiß nicht."

„Wie meinst du das?"

Die Angst wurde größer und ballte sich in seinem Magen zu einem schmerzhaften Klumpen zusammen.

„Mach dir keine Sorgen. Er kommt wieder."

„Sicher?"

„Ja."

„Na gut."

Sie zog ihn vom Sofa hoch. „Lass uns ins Bett gehen, okay. Ich bin wirklich müde und die Sonne geht gleich auf."

Er nickte. Dann blieb er stehen und fasste Sarahs Hand.

„Sarah?"

„Ja?"

„Es ist nicht wegen mir, oder?"

„Was meinst du, James?"

„Dass Frank heute so komisch war."

Sie sah ihn lange an, dann fuhr sie ihm mit der Hand durch die Haare und zerzauste sie.

„Doch, James. Ich müsste lügen, wenn ich nein sagen würde. Frank möchte es richtig machen. Er wollte nicht herkommen. Aber jetzt sind wir hier. Er muss auf seine Weise damit fertig werden. Aber das ist nicht deine Schuld."

„Was ist seine Weise?"

Sarah schaute zum Fenster. Es wurde langsam hell.

„Frank ist sehr traditionell. Hast du schon mal was von der Schwitzhütte gehört?"

„So was wie eine Sauna?"

Jetzt lächelte sie. Ein geborgtes Lächeln nur, aber immerhin. James fühlte sich gleich besser.

„So was Ähnliches. Aber es geht nicht nur um die körperliche Reinigung, sondern auch um den Geist. Verstehst du?"

„Ich glaub schon. Irgendwie. Und Frank macht das gerade?"

„Hm."

„Wegen mir?"

„Für uns alle."

Einige Stunden später, als die Sonne schon etwas höher stand, nahm James sich eine Tasse Kaffee und setzte sich draußen auf die Treppenstufen vor der Haustür. Im grellen Licht der Augustsonne wirkte die Hütte schäbig und unaufgeräumt. Trotzdem hatte für ihn wieder ein sauberes, frisch bezogenes Bett bereit gestanden. Zwischen den warmen Decken liegend war die fahle Dunkelheit, die ihn umgeben hatte, weich und freundlich erschienen. Er hatte die verborgenen Schatten um ihn her nicht sehen können, sondern schlief tief und traumlos, bis das Geschrei von Baby Dawn ihn geweckt hatte. Während er jetzt langsam, Schluck für Schluck den bitteren Kaffee trank, betrachtete er die Sonnenstrahlen, die durch die Zweige und Blätter der nahestehenden Pappeln gefiltert wurden und dachte an den Nachmittag mit Frank am Missouri. Die Sonne legte sich warm und spielerisch auf sein Gesicht. Der Wind raschelte in den Bäumen und bewegte sachte die Spitzen der Gräser. Jerome würde sicher wieder tanzen.

Ein Sattel hing wie hingegossen über dem hölzernen Stangenzaun und James wunderte sich, dass er nur so wenig Pferde gesehen hatte. Ob Frank ein guter Reiter war? James starrte vor sich hin. Etwas war nicht in Ordnung. Irgendetwas war ganz und gar nicht in Ordnung. Die zwei Hunde, die sich genüsslich zu seinen Füßen in der Sonne räkelten, starrten ihn wissend an. Vielleicht grinsten sie auch selbstzufrieden. Wer wollte das wissen? James nahm einen letzten Schluck aus seiner Tasse, winkte den Hunden zu und ging zurück ins Haus. Seine unausgesprochenen Fragen ließ er draußen in der Sonne liegen, wo sich die lächelnden Hunde gleich darüber hermachten.

Nach einem ausgiebigen Frühstück brachen alle auf, strömten aus der Vordertür und flossen in alle Himmelsrichtungen davon. Frank tauchte plötzlich mit dem Wagen auf, lud Frau und Kinder ein und fuhr mit ihnen zum Supermarkt des Ortes, um dafür zu sorgen, dass ihren Gastgebern die Lebensmittel nicht ausgingen. James wollte seinen Anteil beisteuern, aber davon wollte sein Vater nichts hören. Sarah gab ihm mit den Augen ein Zeichen und James fragte nicht weiter.

Franks Gesicht trug einen abwesenden Ausdruck, als sie kurze Zeit später auf der Rodeowiese standen und sich einen Überblick verschafften. James war schon einmal auf einem Rodeo gewesen. In Chicago. Das war eine groß angelegte Sache gewesen. Riesenarena. Professionelle Reiter auf professionellen Pferden und Bullen. Eine Menge Show und viel zu tun für McDonalds und Co. Nun ja, selbst ihm Reservat sponserte Coca Cola offensichtlich die Plakate.

Hier fand das Rodeo mitten auf der Prärie statt. Die Arena war lediglich von einem Gatter begrenzt. Eine kleine Zuschauertribüne erhob sich an der Südseite, während die Nordseite den Tieren und Reitern vorbehalten war. Dazwischen befand sich noch ein Bretterhäuschen für die Ansager und die amerikanische Flagge. Lautsprecher waren an strategisch günstigen Punkten verteilt und informierten die Besucher über die neueste Preisentwicklung auf dem Viehmarkt. Wo sich Platz fand am Zaun, standen die Autos direkt davor. Die Leute saßen auf den Dächern oder Kühlerhauben ihrer Wagen, unterhielten sich, beobachteten oder lauschten auf die Durchsagen. Ganze Familien picknickten auf den Kühlerhauben und die Kinder tobten ausgelassen herum. Die Alten saßen häufig auf der bequemeren Tribüne oder einfachen Klappstühlen und verfolgten das Geschehen in der Arena und das Toben ihrer Enkel mit der gleichen Ruhe und

Aufmerksamkeit, mit der sie auch sonst ihr Leben zu meistern schienen.

Mittlerweile waren die Viehmarktpreise uninteressant geworden und alle Augen richteten sich, angestachelt von der peitschenden Stimme aus dem Bretterhäuschen, auf den nächsten Wettbewerb.

James starrte auf die wilden Reiterkunststücke und wischte sich in regelmäßigen Abständen Schweiß und Staub vom Gesicht.

Aus den Augenwinkeln nahm er plötzlich Frank wahr, der von einer großen Gestalt auf vier Beinen verfolgt wurde. James drehte sich um. Ihm schwante nichts Gutes. Tatsächlich hatte sein Vater ein Pferd aufgetrieben!

„Hey, James! Wie wär es mit einem Ritt?!"

Die Augen des Pferdes funkelten bei diesen Worten mindestens ebenso vergnügt wie die von Frank.

„Ich, äh, kann nicht reiten."

„Ach komm, James. Das hast du vom Tanzen auch behauptet."

„Das ist ja wohl was anderes!" James schluckte Staub.

Er konnte doch unmöglich zugeben, dass er weniger Angst vor dem Ritt an sich hatte, als vielmehr vor der Frage, wie er überhaupt auf das sattellose Pferd hinaufkommen sollte. Frank sah ihn abwartend an und wusste wahrscheinlich ebenso wie er, wie er sich entscheiden würde.

Verblüfft stellte James einen Moment später fest, dass das Pferd gar nicht so hoch war, wie es den Anschein hatte. Als er auf dem tänzelnden Schecken saß und in die Gesichter blickte, die zu ihm hochgrinsten, überkam ihn das Gefühl einer unbändigen Freiheit! Triumphierend blickte er in die Runde. Wie anders doch die Welt vom Rücken eines Rodeopferdes aussah! Weit und frei! Und das, obwohl sie beide nur am Strick im Kreis herum geführt wurden. Tatsächlich war James erleichtert, dass Frank dem Pferd nicht einfach mit der flachen Hand auf den Hintern schlug und sie einem ungewissen Schicksal in der endlosen Prärie über-ließ.

Kaum war das Pferd nach einer Weile zum Stehen gekommen und James vorsichtig von seinem Rücken gerutscht, da griff sich Sarah plötzlich eine Handvoll Mähne, schwang sich elegant auf den blanken Pferderücken und preschte in vollem Galopp, ein-gehüllt in einer gelben Staubwolke, davon! Frank und James starrten fassungslos in die leere Prärie und kauten heiße Luft.

„Na ja, sie ist wohl nicht umsonst auf einer Ranch groß gewor-den, was?!" Frank schüttelte amüsiert den Kopf und sie gingen zurück zum Kälberfangen. Es dauerte eine ganze Weile, bis Sa-rah wieder auftauchte.

Später schlenderten alle gemeinsam über das Powwow Gelände, reihten sich in die Schlange derer ein, die am kostenlosen Festmahl teilnahmen, picknickten wie viele andere auch auf der Kühlerhaube ihres Autos, trafen Bekannte, gaben die beiden Mädchen in die Obhut von Sarahs Tante Pauline, die mit Lester und Melvin hier war, und besuchten eines der verrücktesten Au-torennen, das James je erlebt hatte.

Frank war dabei immer stiller geworden. Stiller und mürrischer. Der Spaß mit dem Pferd schien unendlich lange her zu sein. Auch Sarah fiel es auf und sie musterte ihren Mann besorgt. Als der sich daraufhin mit verkniffenem Mund abwandte und seine Frau und James einfach stehen ließ, wurde es James ziemlich mulmig zumute. Sein Vater verwandelte sich vor ihren Augen in einen Fremden und erreichte binnen weniger Augenblicke, dass sich James plötzlich überflüssig und unerwünscht vorkam.

Hatte er etwas falsch gemacht? Hatte es mit ihm zu tun? Er ver-suchte krampfhaft, einen klaren Gedanken zu fassen und nicht in Panik zu geraten. Doch den einzigen Gedanken, den er zu fassen bekam, war der, wie er wohl am besten zum nächsten Flughafen käme.

Schließlich trennte er sich von den anderen und lief allein über den Festplatz. Er entdeckte Jerome beim Grastanz und Holly, die gemeinsam mit zwei anderen Mädchen hinter einer Gruppe von Trommlern stand und ihrem Bruder zusah. James hätte gerne mit den beiden gesprochen, aber was hätte er sagen sollen? Dass das mit Frank wohl doch nicht klappte? Am Ende besorgte er sich nur etwas zum Abendessen und machte einen langen Spaziergang zurück zu Billys Haus. Dabei störte es ihn nicht im Geringsten, dass es inzwischen Nacht geworden war und er allein auf den staubigen Straßen auf der Res unterwegs war.

Am nächsten Morgen stand James zeitig an der Kaffeemaschine, als Frank und Sarah auftauchten. Sie hielten sich nicht lange auf und James verkniff sich neugierige Fragen.

Franks Gemütsverfassung war unverändert. Auf der Fahrt nach Lower Brulé wurde kein Wort gesprochen. Funkstille. Sendepause. James begann sich ernsthafte Sorgen zu machen. Lag es an ihm?

Wieder erreichten sie das Haus von Sarahs Tante. Mit ihrer Ankunft wurden weitere Fragen und Zweifel fürs Erste verdrängt. Lester lächelte ihnen im Vorbeigehen zu und fuhr gleich darauf mit einigen Freunden davon. Pauline, seine Mutter, erklärte, dass er heute beim großen Einzug dabei sein würde. Nachdem Christine sich ihr Kleid angezogen hatte, brachen sie schließlich gemeinsam auf.

Pauline, die entweder ein Radar für Beziehungskrisen hatte oder aber von ihrer Nichte aufgeklärt worden war, erbot sich, auf Christine und Baby Dawn zu achten. Franks Gesicht blieb bei diesem Angebot verschlossen und seine Miene undurchdringlich. Aber Sarah wirkte geradezu erleichtert.

Und James, der wusste, wann seine Anwesenheit erwünscht war und wann nicht, beschloss, sich zu verkrümeln und das Powwow auf seine Art zu genießen. Womöglich waren dies ja seine letzten Stunden auf der Res und die würde er sich auf keinen Fall von wem auch immer vermiesen lassen.

Obwohl er alles schon einmal erlebt hatte, war James ziemlich aufgeregt, als der erste Trommelschlag über den Platz hallte und alle Sänger den Ruf der Trommeln aufnahmen. Die vibrierenden Falsettstimmen lösten sich von der Menge und schwebten empor in den Himmel. Die dumpfen Trommeln aber blieben der Erde verhaftet. Dann betraten die Tänzer den Platz und verwandelten die Welt in ein wirbelndes Meer aus Farben und Formen. Wieder fügte sich ein Kreis in den anderen, bis die Musik abrupt verstummte, die Füße in der Bewegung innehielten und die Welt vergaß zu atmen. Stille senkte sich über den Platz und nur aus der Mitte des innersten Kreises drang das leise Gemurmel eines Gebetes.

James, der unwillkürlich den Atem angehalten hatte, ließ nun seinen Blick über die Tänzer hinweggleiten, ließ ihn wie ein Band durch die Menge schlüpfen und erkannte hier ein Gesicht und dort ein Kostüm wieder. In diesem Moment fühlte er sich dazugehörig. Ein Teil von etwas Größerem.

Dann setzte die Musik wieder ein, vollendeten die Füße die begonnenen Schritte, schwangen sich die Lieder hoch in die Luft, die erfüllt war vom Staub der Erde, die vom Tanz in Bewegung gehalten wurde.

Jerome tanzte an James vorbei, gab aber kein Zeichen des Erkennens. Holly wandte den Kopf und lächelte ihm zu. Pauline tauchte auf, an ihrer Hand tanzte Christine und winkte. James lächelte und winkte zurück.

Hinter ihm hatte sich eine Gruppe Touristen niedergelassen, die fasziniert den Vorgängen in der Arena folgte. Die Gruppe weißer Shorts fächelte sich mit Baseballkappen heiße Luft zu und trank eisgekühlte Cola. Sie erinnerten James daran, dass er nicht wirklich dazugehörte. Als eine Videokamera anfing zu surren und in seine Richtung schwenkte, senkte er rasch den Kopf und wandte sich ab.

Er beobachtete die Trommler neben sich. Es waren fast ausschließlich Jugendliche. Einer davon Lester, der ihm jetzt grinsend zublinzelte, ohne in dem Gesang innezuhalten. James sah zu der Traube von Teenagern, die sich um die Gruppe versammelt hatte und Handys und Kassettenrekorder gezückt hielt, als vier junge Mädchen in prachtvoll bestickten Gewändern hinter die Jungen traten und bei jedem Refrain in den Gesang mit einfielen. Bei einem der Trommler stand ein Dreikäsehoch und grapschte begeistert nach den Trommelstöcken.

Direkt gegenüber von dem Platz ging die Sonne unter und tauchte den westlichen Horizont in ein kräftiges Orange, das sich in dunkles Purpur und Tiefrot verwandelte. Die Umrisse der Tänzer bildeten dunkle Silhouetten vor diesem grandiosen Hintergrund. So versunken war James in diesen Anblick, dass es eine Weile dauerte, bis er merkte, dass eine plötzliche Erkenntnis in sein Gehirn gesickert war.

Frank. Plötzlich wusste er, was mit seinem Vater los war. Fast schämte er sich, dass er so lange gebraucht hatte, um es zu begreifen. Frank war nicht böse auf ihn. Nicht er war der Grund für dessen Niedergeschlagenheit. Nein, es saß viel tiefer und hatte einen völlig anderen Ursprung. James rechnete nach. Zählte die Tage an den Fingern ab und erschrak. Es war Sonntag. Der einundzwanzigste August. Nicht schwer zu erraten, dass morgen Montag sein würde. Der zweiundzwanzigste August. Und am zweiundzwanzigsten August hatte Frank, das wusste James von Duane und Ellen, einen Gerichtstermin in Sachen Fahrerflucht. Aber für ihn würde es nicht nur um den Unfall gehen. Für Frank Stands Alone stand viel mehr auf dem Spiel. Sie würden entscheiden, ob er wieder ins Gefängnis musste oder ob er ein freier Mann blieb.

James sah nach Westen. Die Sonne war untergegangen und hatte die Farben mitgenommen. Außer ein paar lila Streifen am Himmel war nichts mehr von der vorangegangenen Pracht zu sehen.

Er wusste, dass er nichts tun konnte. Aber vielleicht genügte es, dass er es verstand.

Noch in dieser Nacht machten sie sich auf den Rückweg.

Innere Angelegenheiten

Montag. Ein Tag, an dem sich viel entscheiden würde.

James hatte mit Sarah über seine Ängste gesprochen. Seine Angst, dass es ja auch seine Schuld wäre, wenn Frank sich jetzt dem Gericht stellen musste. Wegen ihm war er schließlich aus Minneapolis zurückgekommen. Um sein Versprechen einhalten zu können. Sein Versprechen, für seinen Sohn da zu sein, wenn dieser ihn besuchen käme.

Keiner hatte damit rechnen können, dass er einen Unfall haben könnte und deswegen die Nerven verlieren würde. Aber was geschehen war, ließ sich nicht rückgängig machen. Und Sarah hatte mit Frank gesprochen.

„Was möchtest du wissen, James?"

Frank stand vor seinem Sohn und blickte ihn mit diesen schwarzen Augen an. James brachte kein Wort heraus.

„Es ist nicht deine Schuld, das weißt du. Niemand hat Schuld daran. Also hör auf, dich mit Selbstvorwürfen zu quälen. Das bringt uns nicht weiter."

„Wenn du ins Gefängnis musst," James würgte an diesen Worten: „Für wie lange werden sie dich dann einsperren?"

Frank brauchte nicht einmal nachzudenken.

„Vor Weihnachten werden sie mich kaum rauslassen."

„Kann ich mitkommen?"

James hatte Mühe ruhig zu bleiben. Er spuckte die Frage an einem Stück aus und ballte die Fäuste. Aber Frank schüttelte bedächtig den Kopf.

„Warum nicht?! Du bist mein Vater!"

Erschrocken sahen sie sich an. Dann lächelte Frank und als das Lächeln seine Augen erreichte, legte er James behutsam die Hände auf die Schultern.

„Das bin ich, James. Und deswegen möchte ich, dass du nicht mitkommst. Es war schwer genug für mich, dir in den Slums von Minneapolis in die Augen zu sehen. Ich könnte es nicht ertragen, wenn sie mich verurteilen und du musst dir das mit ansehen. Verstehst du das?"

Franks Finger bohrten sich in James' Schultern. Seine Augen bohrten sich in die von James. Er wartete, bis James endlich nickte. Zögernd, aber er nickte.

„Washté."

Damit wandte sich Frank um und folgte Sarah nach draußen. Die Zeit drängte. James hörte eine Autotür zufallen und dachte, dass sein Vater nun fort war. Vielleicht für immer. Er stand in der Mitte des Raumes und starrte auf die Tür. Und plötzlich war Frank wieder da. Kam zurück und nahm James fest in den Arm. James klammerte sich an seinen Vater und sie spürten das Herz des anderen schlagen. Es tat gut. Mit heiserer Stimme flüsterte Frank in James' Ohr: „Es tut mir leid, James. Aber wir sehen uns wieder. Das weiß ich. Vielleicht wird es eine Weile dauern, aber du bist mein Sohn. Du bist Teil meiner Familie und daran kann niemand mehr etwas ändern."

Sie standen da und hielten einander fest. Dann war Frank endgültig fort. James lauschte auf das Geräusch des davonfahrenden Wagens und kämpfte mit den Tränen. Was nützte es ihm, dass er seinen Vater gefunden hatte, wenn er ihn gleich wieder verlor? Er kämpfte mit den Tränen und der aufsteigenden Wut in seinem Innern. Doch dann dachte er an die Furcht, die er in seinem Vater gespürt hatte, als sie sich umarmt hatten, und er schüttelte das Selbstmitleid ab, das er seit seiner Ankunft in South Dakota mit sich herumschleppte. Nicht nur er hatte viel zu verlieren.

James war froh, dass seine Schwestern bei Ellen und Duane waren. Er hatte das Angebot der beiden, ebenfalls dort zu bleiben, bewusst ausgeschlagen. Wenn er schon nicht bei seinem Vater sein konnte, dann wollte er zumindest allein sein. Aber das Alleinsein würde nicht einfach werden. Er warf einen Blick in die Runde und beschloss, das Chaos zu beseitigen, das ihre gestrige späte Ankunft hinterlassen hatte. In der Küche stapelte sich das schmutzige Geschirr und der Mülleimer quoll bereits über. Das Badezimmer erweckte den Eindruck, als wäre ein Tornado hindurchgefegt und die Schlafzimmer sahen aus wie Schlachtfelder. James schnappte sich eine Tüte voller gebrauchter Windeln und ging raus zu den Mülltonnen. Dann kümmerte er sich um den Abwasch und räumte auf. Alles, nur um nicht nachdenken zu müssen.

Als es nichts mehr zu tun gab, goss er sich ein Glas Saft ein, griff nach seinem Handy und setzte sich aufs Sofa. Catherine hob beim zweiten Klingeln ab. Beim Klang ihrer Stimme wurde es James plötzlich eng in der Kehle und er brachte keinen Ton heraus.

„Hallo? James, sag doch was!"

Verdammt, das hatte er total vergessen. Das Telefon seiner Mutter hatte James' Nummer angezeigt. Wenn er jetzt einfach auflegte, würde Catherine wahrscheinlich den nächsten Flieger nehmen und am Abend vor der Tür stehen. Er riss sich zusammen. Er durfte ihr nicht alles erzählen. Aber er brauchte jemanden zum Reden.

„Ja, Mom. Sorry, aber ich hab meinen Saft verschüttet. Bin gleich wieder da."

James klapperte mit dem Glas und dachte fieberhaft nach.

„So, da bin ich. Tut mir leid. Wie geht's euch denn ..."

Er plapperte drauflos, redete über das Wetter, die Powwows, erwähnte seine Halbschwestern, die Res und dass er dabei war, Freunde zu finden. Catherine ließ ihren Sohn reden und wunderte sich. Sie lauschte auf das Ungesagte zwischen den Zeilen und fragte sich, ob gerade etwas furchtbar schief gelaufen war, als James plötzlich schwieg.

„Mom?" Seine Stimme klang gepresst.

„Ja, James?" Sie klang nun ganz nah, als würde sie den Hörer ganz fest an ihren Mund drücken.

„Mom." Er atmete zitternd aus.

„James, was ist los?"

„Mom, die wollen Frank einsperren." Jetzt weinte er.

„Frank?" Kurz zögerte seine Mutter, dann fragte sie: „James, wer sind die? Und was hat Frank getan?" Catherine blieb weiterhin ruhig, doch ihre Stimme zitterte. James hatte nicht mehr geweint, seit er ein kleiner Junge war.

„Er hatte einen Unfall."

Eine kleine Pause entstand und sie wartete.

„Bevor ich gekommen bin. Erinnerst du dich, als du mich das erste Mal aus New York angerufen hast?" Er wartete.

„Ja. Ja, natürlich erinnere ich mich. Hattet ihr da ..."

„Nein, hatten wir nicht. Ich sagte doch, es passierte, bevor ich ankam. Frank war abgehauen, weil er Angst hatte, dass sie ihn wieder einsperren würden. Wir haben ihn in Minneapolis aufgestöbert und nach Hause geholt. Und jetzt muss er wegen mir vor Gericht erscheinen!" James schwieg erschöpft.

James konnte förmlich hören, wie die Gedanken in Catherines Gehirn ratterten. Er hatte „wir" und „nach Hause" gesagt, als wäre er bereits ein Teil dieser neuen Familie. Was bahnte sich da an? Wahrscheinlich überlegte seine Mutter zum ersten Mal, was sie da eigentlich getan hatte und überlegte, ob sie die Sache noch unter Kontrolle hatte. James klang völlig fremd und das lag nicht nur an seiner offensichtlichen Verzweiflung.

„James? Erzähl mir was los ist, okay? Von Anfang an."

Und das tat er dann. Er ließ fast nichts aus, was von Bedeutung war und beschönigte auch nichts. Catherine saß auf ihrer neuen

Couch in New York und hörte zu. Sie unterbrach ihn kein einziges Mal und als er schließlich schwieg, lauschte sie seinen Worten noch eine ganze Weile nach. Das schien ihn nicht zu stören. Er wartete geduldig auf ihre Antwort.

„Was können wir tun, James?"

Er lächelte. Das war seine Mutter. Dafür liebte er sie. Natürlich hatte er gewusst, dass sie sich nicht nur Sorgen machen würde. James hatte Frank mehrmals Vater genannt und doch hatte er nicht nur seine Lakotafamilie, sondern auch die anderen, die Weißen. Catherine war nicht dumm. Sie hatte alles eingefädelt, weil sie wollte, dass James sich mit seiner Herkunft auseinandersetzte. Aber mit Sicherheit hatte sie es nicht für möglich gehalten, dass James am Ende die Seiten wechseln könnte. Das wollte er auch nicht!

„Nichts, Mom. Du hast mir gerade geholfen."

„Bist du sicher? Du hältst uns doch auf dem Laufenden?"

„Sicher, Mom. Versprochen. Und mach dir keine Sorgen, okay?! Ich glaube nämlich, dass ich jetzt weiß, wer ich bin."

Am späten Nachmittag hielt ein Auto vor dem Haus und James stand langsam auf. Dann kam Sarah ins Zimmer. Ihre Miene verriet nichts und James biss sich auf die Lippen.

„Und?", fragte er.

„Er kommt."

Und dann war auch Frank da und sie lagen sich in den Armen.

„Nichts passiert!", freute sich Frank. „Der andere hatte keine Anzeige gestellt und will nur den Schaden bezahlt haben! Ein Cousin von mir wird ihm das Auto richten!"

Zur Feier des Tages kochte Sarah ein aufwändiges mexikanisches Essen. Ellen und Duane brachten die Kinder und freuten sich über den Ausgang der Verhandlung. Ellen strahlte über das ganze Gesicht und Duane sprach eine Weile auf Lakota mit Frank. Später wollte er dann hören, ob James einige neue Wörter gelernt hatte und verbesserte geduldig seine Aussprache. Sarahs Freundinnen Pat und Helen schauten vorbei und zogen James damit auf, dass er immer mehr wie einer aus der Res aussähe. Wenn er nicht aufpasste, würde Holly Yellow Wind ihn mit ihrem Lasso einfangen und mit zu sich nach Hause schleppen! James nagte seelenruhig an einem gebratenen Maiskolben und grinste nur. Es wurde eine lange Nacht.

Etwas hatte sich verändert. James spürte, dass er endlich angekommen war. Nicht nur er. Auch Frank. Über Nacht schien er ein anderer Mensch geworden zu sein. Das verschlossene Wesen und die Schwermut waren Vergangenheit. So, als wäre ein schreckliches Geheimnis gelöst worden. Als wäre er von einer schweren Last befreit worden. Was ja auch der Fall war. Wie schwer die Last wirklich war, erfuhr James einige Tage später, als er und Frank wieder am Ufer des Missouri saßen und ins Gespräch kamen.

Diesmal gab es keine Witze und flapsigen Bemerkungen. Frank wollte wissen, was James für Pläne hatte. Was er später mit seinem Leben vorhatte. Seine Ziele und Träume. James antwortete anfangs nur zögernd. Seine Pläne? Sollte er Frank tatsächlich von James Powell erzählen? Und dass sein einziges Ziel war, an der Highschool seinen Abschluss zu machen und auf irgendein College zu gehen, wo ihn keiner kannte? Wollte er das überhaupt noch?

Als sich das Schweigen in die Länge zog, erzählte Frank von einem Cousin, der in New Mexico auf eine Kunstschule ging. Und von Holly Yellow Wind, die plante, entweder Anwältin oder Ärztin zu werden. Oder beides, was er ihr offenbar durchaus zutraute, sollte sie sich nicht entscheiden können. James saß da, hielt seine Knie mit den Armen umschlungen und dachte, dass sein Vater ihn gerade einlud wiederzukommen. Sein Herz klopfte, als er überlegte, welche Möglichkeiten sich plötzlich vor ihm auftaten. Er wusste, dass er wiederkommen wollte, aber sein Hals war wie zugeschnürt und so saß er einfach nur da und hörte seinem Vater zu.

Irgendwann rutschte ihm die Frage heraus, was Frank denn für Ziele hätte, worauf dieser erst einmal in Schweigen verfiel.

Nach einer Weile begann er dann doch zu sprechen. Er erzählte James die Geschichte seines Namens. Ein Name, der weit zurückreichte im Gedächtnis seines Volkes. Ein Name, der mit Ruhm und Ehre, aber auch mit Schwierigkeiten verbunden war. Die Träger dieses Namens waren es gewohnt, das, was sie dachten, auch auszusprechen und danach zu handeln. Daran hatte sich seit den Zeiten der Indianerkriege und der Rückbesinnung auf ihre Kultur im Hier und Jetzt nichts geändert. Stands Alone war mit Ärger und Schwierigkeiten verbunden.

Der Name Wounded Knee fiel des Öfteren. Frank sprach über Dinge, die vor gerade mal dreißig Jahren geschehen waren. Unfassbare Dinge. Mord und Totschlag waren damals an der Tagesordnung gewesen. Die Armee und das FBI hatten Wounded Knee abgeriegelt, als die Indianer den Ort besetzt hatten, um auf ihre verheerende Situation und die Verbrechen der Regierung aufmerksam zu machen. Ganze Generationen von Kindern aus ihren Familien gerissen und in Internate abtransportiert, um sie vergessen zu machen, wer sie waren. Armut, die zum Himmel schrie und die Ausbeutung des Landes. Frank war damals genauso alt gewesen wie James heute. Er war eines der Kinder gewesen, die gegen ihren Willen und gegen den Willen ihrer Familien in weit entfernte Internate gebracht wurden, um sie endgültig zu assimilieren. Aber Frank war auch eines von vielen Kindern, bei denen diese rigorose Politik fehlgeschlagen war. Als er das dritte Mal davongelaufen war, landete er im Pine Ridge Reservat. Er war müde und hungrig gewesen. Sie hatten ihm den Kopf kahl geschoren und er fror. Seine Mitfahrgelegenheit fuhr mit ihm ins besetzte Wounded Knee. Dort war er bis zum bitteren Ende geblieben. Seitdem wurde sein Name in unzähligen Akten geführt und es sah nicht so aus, als wären die Schwierigkeiten aus dem Weg geräumt.

Seine Angst vor einer neuerlichen Verurteilung war durchaus nachvollziehbar. Eine scheinbar so unbedeutende Sache wie ein Blechschaden bei einem Auffahrunfall konnte dazu führen, dass jemand sich am Kopf kratzte, wenn er den Namen Stands Alone las. Und wenn dieser Jemand lange genug kratzte, würde er im Zuge der Ermittlungen vielleicht einige alte Akten öffnen, die plötzlich eine längere Haftstrafe für einen unbedeutenden Blechschaden rechtfertigte. So lief das nun mal. Und die Sache mit dem Einbruch vor fünfzehn Jahren war dabei natürlich keine große Hilfe. Frank stritt nichts ab, schwieg sich aber über das Wie und Warum aus. James beschloss, ihn nicht weiter zu drängen. So, wie es aussah, stand die Zukunft seines Vaters in den Sternen. Und die vieler anderer Lakota auch, dachte James. Sofern manche überhaupt noch eine Zukunft hatten. Leute wurden erschossen und erschossen sich selbst. Sie starben unter Alkoholeinfluss bei Unfällen, Schlägereien und in der Ausnüchterungszelle. Es gab auffällig viele bedauerliche Zwischenfälle auf den Straßen South Dakotas. Plötzlich hielt James es nicht mehr aus.

„Hör auf, Frank!"

„Du solltest über diese Dinge Bescheid wissen."

„Ich kann das alles nicht glauben, Frank."

„Du kannst nicht oder willst nicht?"

James starrte seinen Vater an. Er war aufgesprungen und ging ruhelos auf und ab. Es arbeitete in ihm. Er musste zugeben, dass er es tatsächlich nicht glauben konnte. Andererseits redeten seine

81

Eltern andauernd über den Irakkrieg und irgendwelche Gefängnisse, die es nicht geben dürfte, weil dort gefoltert wurde. Aber hier? In den Vereinigten Staaten? James schüttelte heftig den Kopf.

„Ich weiß nicht, Frank. Gib mir mehr Zeit, okay?"

Aber etwas anderes musste er noch wissen.

„Frank? Was war mit meiner Mutter?"

Sein Vater war auch aufgestanden und sie gingen nebeneinander am Fluss entlang. Jetzt stoppte Frank so abrupt in der Bewegung wie ein Grastänzer am Ende des Liedes. Damit hatte er offensichtlich nicht gerechnet.

„Was willst du wissen?"

James war ebenfalls stehengeblieben. Er sah auf den Fluss hinaus und wusste, dass Frank dasselbe tat.

„Wie hast du sie kennengelernt?"

„Das habe ich nicht."

„Was?! Wie meinst du das?"

Jetzt sahen sie sich doch an. Frank seufzte und hob die Schultern in einer hilflosen Geste.

„Wir kannten uns nicht. Das meine ich damit."

„Aber … aber was ist mit mir?"

Frank murmelte etwas auf Lakota und gab sich einen Ruck.

„Du hast gefragt und hier ist die Antwort. Aber sie wird dir nicht gefallen. Deine Mutter war gerade siebzehn, als ich sie traf. Ich war zehn Jahre älter."

Franks Blick war in die Vergangenheit gerichtet.

„Wir trafen uns in einer Kneipe in Nebraska."

„Einer Kneipe?! Aber du … du trinkst doch nichts!"

Frank hob spöttisch eine Augenbraue und lächelte freudlos.

„Damals tat ich es. Damals tat ich eine Menge Dinge. Aber das tut jetzt nichts zur Sache. Du wolltest etwas über deine Mutter wissen. Und das ist alles, was ich weiß. Ihr Name war Bernice

Miller und sie trank, seit sie zwölf war. Sie stolperte von einer Kneipe zur nächsten, wenn die Winter kalt waren. Als sie mir vor die Füße fiel, war es sehr kalt."

James wagte kaum zu atmen. Gebannt hörte er zu.

„Jemand hatte sie zusammengeschlagen. Sie sah wirklich böse aus. Ich nahm sie mit zu mir. Damals hauste ich in einer lausigen Bretterbude im Pine Ridge Reservat."

An dieser Stelle unterbrach er sich und warf James einen prüfenden Blick zu. Offenbar würde noch mehr kommen, dabei war James jetzt schon schlecht. Aber er hatte gefragt und er wollte jetzt keinen Rückzieher machen.

„Erzähl weiter. Ich will es wissen. Alles."

Erstaunt über die Kraft in seinem Inneren und über sich selbst, erwiderte James den Blick seines Vaters.

„Nun gut, du bist kein kleines Kind mehr. Deine Mutter blieb drei Tage und vier Nächte bei mir. Wir waren selten nüchtern und eines führte zum anderen."

James ballte die Fäuste und biss sich beinahe die Lippe blutig. Frank bemerkte es nicht. Er war weit weg.

„Als ich am vierten Tag aufwachte, war Bernice weg. Ich hab sie nie wieder gesehen."

„Wusstest du von mir?" James flüsterte fast.

„Nein." Sein Vater schüttelte den Kopf.

„Als sie weg war, dauerte es nicht lange, bis ich wieder einmal pleite war. Du kannst dir wohl denken, was dann kam."

„Der Einbruch. Und dann das Gefängnis."

„Genau. Ich hatte gerade drei Monate von meinen fünf Jahren abgesessen, als ich hörte, dass Bernice Miller plötzlich wieder aufgetaucht war. Hochschwanger. Ich dachte mir nichts dabei. Es hieß, sie wäre in Denver gewesen. Erst als das Baby geboren war, erhielt ich einen Brief von meiner Tante aus Rapid City. Sie schrieb, dass Bernice mich als Vater angegeben hätte."

Frank bückte sich, hob einen Stein auf und ließ ihn über das Wasser hüpfen. Sie beobachteten, wie der Stein versank und weite Kreise zog.

„Ende der Geschichte."

Frank schob seine Hände in die Taschen seiner Jeans. Sie sahen sich an. James verzog den Mund und fragte: „Hast du auch gehört, wie sie gestorben ist?"

„Hm. Sie ging wieder weg. Nach Denver. Jemand hat sie überfahren, als sie nachts betrunken auf der Straße lag. Man hat nie rausgefunden, wer es war."

Sie schwiegen und hingen ihren Gedanken nach. Etwas nagte an James. Etwas Ungeheuerliches.

„Was ist, wenn ich gar nicht dein Sohn bin?"

Überrascht sah Frank ihn an.

„Hört sich ja an, als würde es dir leid tun, wenn es so wäre. Ist das so?"

„Frank!"

„Okay, okay." Frank hob die Hände und lachte.

„Du bist mein Sohn. Als Bernice mich als Vater angab, kamen sie zu mir ins Gefängnis und machten einen Test. Sie brauchten meine Zustimmung für die Adoption. Trotz allem."

„Und du hast sie ihnen einfach so gegeben?"

Enttäuschung lag in James Stimme. Aber keine Wut.

„James, ich hatte noch fünf Jahre abzusitzen. Ich hatte keine Ahnung, ob ich das durchstehen würde. Was hätte ich deiner Meinung nach tun sollen?"

„Was ist mit einer Oma oder Tanten und Onkel?"

„Die standen nicht zur Auswahl. Es hat so sein müssen."

„Ja. Sieht so aus."

Auf nach Westen!

Die Zeit verflog und ehe James sich versah, war schon wieder Freitag. Diesmal würden sie nicht nur über das Wochenende unterwegs sein, sondern eine ganze Woche. Sie fuhren zu den Black Hills, nach Westen, zu Franks Leuten.

James war entsprechend aufgeregt, als es endlich losging. Wie üblich saßen Sarah und Frank vorne und hatten das Baby in dem Babysitz zwischen sich sitzen, während James sich den Rücksitz mit seiner Schwester Christine teilte. Er stolperte noch immer über dieses Wort und konnte kaum glauben, dass diese Vierjährige tatsächlich mit ihm verwandt war. Ihre gesamte bisherige Kommunikation bestand aus ein paar Sätzen hier und da und einem gelegentlichen Lächeln. Aber was sollte er auch sonst mit einer Vierjährigen anfangen? Als Christine einmal wie selbstverständlich seine Hand genommen hatte, war James seltsam gerührt gewesen. Auch jetzt wurde ihm warm ums Herz und er konnte sich ein Grinsen nicht verkneifen, als er Christine beobachtete, die mit ihrer Decke halb unter den Vordersitz gerutscht war und leise schnarchte. Die Rückbank gehörte ihm und so döste er im Schneidersitz vor sich hin und folgte den gleichmäßigen Pendelbewegungen von Franks Zopf, der über seine Sitzlehne nach hinten hing und sacht hin und her schwang. Das Baby schlief ebenfalls und Sarah sah zum Fenster hinaus.

Am späten Nachmittag erreichten sie das Haus von Pauline, wo sie die Nacht verbringen wollten. Als sie eintrafen, standen eine Menge Autos im Hof und das Haus war voller Gäste. James nickte Lester zu und ging mit den anderen in die Küche, wo sie sich aus den gefüllten Töpfen bedienten. Danach nahm er seinen Teller mit nach draußen und aß auf einer der Kühlerhauben sitzend wastunkala, die Maissuppe der Sioux. Während James die großzügig bemessenen Fleischstücke kaute, ging er im Geiste sein Lakota Vokabular durch. Er kannte nicht viele Wörter, aber Duane hatte sich Mühe gegeben. Wenn er mit der Suppe fertig war, würde er sich noch eine Tasse pezúta sapa gönnen. Schwarze Medizin wurde hier der Kaffee manchmal genannt. Nicht zu Unrecht, fand James, der noch nie in seinem Leben so starken Kaffee getrunken hatte. Zweimal hatte er an einem wacípi, einem Powwow, teilgenommen. Und er war catká, Linkshänder. James mochte den Klang der Wörter.

Als er irgendwann schlafen ging, war er satt und zufrieden. Die übrigen Gäste waren im Laufe des Abends gegangen und James hatte die Stille genossen. Lester hatte sich eine Weile mit ihm unterhalten und sie hatten viel gelacht. James bedauerte, dass sie am nächsten Morgen schon wieder fahren würden. Er hätte gerne die Yellow Winds und vor allen Dingen Holly noch einmal getroffen.

Sie ließen ihre gewohnte Zwischenstation hinter sich, nachdem sie dort übernachtet, gefrühstückt und das Auto noch einmal generalüberholt hatten, und fuhren geradeaus nach Westen – Richtung Badlands.

Ein wenig abseits von der Tankstelle, bei der Frank anhielt, um auch dem Thunderbird die lebensnotwendige Nahrung nicht zu verweigern, entdeckte James zu seiner Überraschung einen Büffel, der dort offenbar frei und unbeschwert umher spazierte. Verspätet fiel ihm ein, dass er während seines Aufenthaltes noch kein einziges Foto geschossen hatte. Seltsam war das. Er lief zum Auto, um sein Handy zu holen. Frank wollte wissen, was es in dieser Einöde zu fotografieren gab und lauschte fast ein wenig spöttisch James' eiliger Erklärung vom Bison in voller Lebensgröße gleich um die Ecke.

Dann lachte Frank schallend los und schlug sich vor Vergnügen auf die Schenkel.

„Du willst den Büffel fotografieren?!" Frank japste und bekam kaum noch Luft. James nickte kurz und kam sich blöd vor. Wie ein Tourist.

„Warum denn, James?" Frank wischte sich die Augen vor Vergnügen. Ein wenig verlegen suchte James nach einer plausiblen Erklärung für sein Verhalten.

„Na ja, das ist der erste Büffel, den ich sehe."

„Dein erster Plastikbüffel in freier Wildbahn?! Verdammt, den musst du dann wohl wirklich für die Ewigkeit festhalten!"

Aus Plastik? James stand reglos da und sah seinem Vater dabei zu, wie dieser glucksend und kichernd in den Thunderbird einstieg und dabei immer wieder den Kopf schüttelte. Verlegen klappte James das Handy wieder zu und verkrümelte sich auf den Rücksitz.

Als sie aufbrachen, begann das Land, das James seinerseits mit den Augen in sich aufsog, sie zu verschlucken.

Bis dahin hatte er keine Ahnung gehabt, was Great Plains wirklich bedeutete, aber nun verschlug es ihm die Sprache. Der Highway begann in der Unendlichkeit und verlor sich in der Ewigkeit. Gras und Felder. Wenig Häuser, wenig Menschen, noch weniger Bäume und sehr viele Reklameschilder. Sie standen isoliert in trostloser Einsamkeit. Schreiende Farben und sinnlose Botschaften im Kontrast zu jener endlosen Weite. James dachte, dass die Leute, die für diese Schilder verantwortlich waren, verhindern wollten, dass die Menschen das Land sahen. Das wahre Land, hinter der Reklame und unter den Feldern. Christine lag zusammengerollt neben ihm und schlief, aber er schaute und schaute und es war ihm nicht möglich, die Augen auch nur für einen Moment abzuwenden.

Frank warf einen Blick in den Rückspiegel. Ihre Augen trafen sich kurz, dann sahen beide wieder hinaus. Frank konzentrierte sich auf die Straße und James lächelte, als er an den Büffel dachte. Er nahm das Handy und fotografierte die lächelnden Augen seines Vaters im Rückspiegel.

Meile um Meile blieb hinter ihnen zurück. Das Stück Plastikplane, mit dem ein neuerlicher Sprung im Fenster notdürftig geflickt worden war, flatterte und rauschte. Draußen gab es keine Veränderung. Weite, Hügel, Wind, vergilbtes Gras und wolkenverhangener Himmel. Ein paar kleinere Ortschaften huschten vorbei. Sichtbar nur in James Augenwinkel. Gekennzeichnet durch Hinweisschilder. Schmalbrüstig und fahl neben den schillernden, aufgeblähten Botschaften der Werbung.

Eine Windhose erhob sich in der Ferne. Gelber Staub wirbelte durch die Luft. James beugte sich zwischen den Sitzen nach vorn. Leise, um das Baby und Sarah nicht zu wecken.

„Was heißt Yellow Wind auf Lakota?"

Frank sah ihn überrascht an, dann nickte er wissend.

„Tatézi."

Er sprach langsam und deutlich. James wiederholte.

„Das ist schön."

„Ja."

James wollte sich schon wieder zurücklehnen, als ihm ein Gedanke kam. Er beugte sich wieder nach vorn.

„Frank?"

„Hm?"

„Bringst du's mir bei?"

„Was?"

„Lakota!"

„Wozu?"

James war verwirrt. Was sollte die Frage?

„Nur so."

„In New York wirst du es kaum brauchen. Wozu also?"
James schwieg. Was konnte er sagen?
„Du brauchst es nicht wegen mir zu tun, James."
„Nein?"
„Nein."
Frank fuhr weiter geradeaus. James sah zum Fenster hinaus.
„Schön, dann tue ich es eben für mich."
Franks Augen lächelten im Rückspiegel.
„Guter Grund. Deine Eltern werden sich freuen."
„Das werden sie!"
„Washté."
„Was?"
„Gut."
„Ah."
Ein Schild mit dem Hinweis, dass sie sich den Badlands näherten, sorgte durch seine Andersartigkeit für Ablenkung. Die Landschaft begann sich zu verwandeln.
Es waren dieselben Hügel, dasselbe Gras und dieselbe Unendlichkeit. Trotzdem schien alles anders, als sie das Schild „Badlands National Park" hinter sich gelassen hatten. Keine Häuser mehr. Keine Reklameschilder. Keine Felder. Sie waren wieder im Land jenseits des Flusses angekommen.
Sie mussten zahlen, um das Land sehen zu dürfen. Die Felsen, die nicht wissen, was Geld ist. Frank meinte, das wäre einer der Gründe, warum sie ihr Land zurückhaben wollten. Damit schien er die Gedanken aller auszudrücken.
Dann fuhren sie durch eine Landschaft aus gezackten Felsen. Uralte Felsen, von Sonne, Wind und Wasser erschaffen, geformt und ausgewaschen. Sie fügten sich in die Landschaft wie riesige Stufen, die zu Kegeln und Türmen hinaufstiegen. Wände und gezackte Gipfel. Grau in Weiß. Rötliche Tönung. Gelb in Braun. Schwarze Wolkenschatten spielten fangen.

Die Straße wand sich wie eine kleine, eilige Schlange durch die geformte Zeit. Bedeutungslos. Vielleicht war es die Bedeutungslosigkeit, die James das Gefühl der Verbundenheit vermittelte. Er hielt den Atem an.

Frank stoppte an einem Platz, an dem die Stufe einen Blick auf das Grasland zu ihren Füßen freigab. Sie stiegen aus und wanderten auf schmalen, fast unsichtbaren Pfaden durch knisterndes Gestrüpp, ausgedörrte gelbe Blumen und trockenes Gras. Sie gingen durch Schönheit. Frank bückte sich ab und zu, um Salbei zu pflücken. Die Andacht, mit der er das tat, brachte James zum Bewusstsein, wo er war: Lakotaland. Egal, was auf irgendwelchen Papieren stand.

Als sie an einem Busch vorbeikamen, an dem rote Bänder befestigt waren, beantwortete Frank die unausgesprochene Frage, die in James Gesicht zu lesen war.

„Hier hat jemand gebetet. Jemand hat seine Stimme in die vier Richtungen über das Land geschickt. Und zum Himmel und zur Erde. Die Bänder vereinen den Busch und das Land mit dem Gebet. Rot ist die Farbe des Lebens."

Nach einem kurzen Zögern fügte er noch hinzu:

„Lúta, das ist das spirituelle Rot."

James fragte noch nach anderen Wörtern und ob Frank und Sarah etwas dagegen hätten, wenn er ein Foto von ihnen machen würde. Sie verneinten und Sarah stichelte:

„Hat Duane dir gesagt, dass du fragen sollst, bevor du Fotos schießt? Weil die Indianer sonst zurückschießen könnten?"

Sie lachten.

Die Leute, die oben auf dem Aussichtsplatz neben ihrem Auto geparkt hatten, staunten, als James und seine Familie plötzlich aus Staub und Steinen auftauchten. Noch dazu mit einem Büschel Salbei in der Hand, das man im Park nicht pflücken durfte.

Aber sie schienen es für selbstverständlich zu halten, dass ein Trupp Indianer aus dem Nichts auftauchte und gegen die Regeln verstieß. Die durften das. James war versucht, ein Foto von den Touristen zu machen. Den Spieß einfach umzudrehen!

Dann ging es hinunter in die Ebene. Campingplätze, Parkanlagen, Verkehrsschilder, Reklame. Alles da, was der zivilisierte Mensch so braucht. Frank steuerte eine Raststätte an, die abseits des organisierten Trubels lag und die leckere Indian Tacos im Angebot hatte.

Die alte Lady, die dort das Sagen hatte, begrüßte Frank mit einem Küsschen auf die Wange und tätschelte Sarah und die Kinder. Als sie hörte, wer James war, nahm sie sein Gesicht in beide Hände, musterte ihn eingehend und kicherte.

„Frank, der Junge ist dir wie aus dem Gesicht geschnitten. Er sieht aus wie du vor dreißig Jahren. Weißt du noch?"

Frank hatte sich auf ein altes Sofa fallen lassen, das mitten in der gemütlichen Kneipe stand, und nickte lächelnd.

„Wie hat Daddy ausgesehen?"

Alle drehten sich nach Christine um. Das war der erste vollständige Satz, den James von seiner Schwester hörte.

„So wie James. Ich meine, früher einmal."

Sarah zeigte auf den Genannten und Christine riss die Augen weit auf. Offensichtlich dämmerte ihr etwas.

„Ist James mein Bruder?"

„Sieht so aus, Schätzchen." Die alte Lady kicherte wieder.

„Warum wohnt er nicht bei uns?"

Jetzt sahen alle James an. Hilflos hob er die Schultern. Bevor er antworten musste, kamen zum Glück weitere Gäste.

Irgendwie schienen alle Frank zu kennen. Jeder kannte hier jeden. Als wären alle eine große Familie. Das Essen wurde jedenfalls eine lustige Angelegenheit und als sie schließlich wieder aufbrachen, waren alle mehr als satt. Zum Abschied warnten sie

James, er sollte nicht zu viele Tacos essen, sonst würde er in dreißig Jahren genauso aussehen wie sein Vater!

Die Badlands wurden noch wunderbarer. James fand sie Respekt einflößend, beeindruckend und einfach nur schön. Der Name wollte nicht so recht passen.

Manchmal hielten sie an Stellen, an denen man eigentlich nicht halten durfte, und an solchen, wo sie sich die Aussicht mit anderen Parkbesuchern teilten. An einem dieser Orte stiegen sie aus und traten bis an den Rand des Abgrundes vor. Dort kauerten sie sich nieder und beobachteten ein Erdhörnchen, das bis auf wenige Meter an sie herankam. Eine weiße Familie, die ebenfalls dort war, stand an einem der Geländer und beobachtete sie. James fand sie okay.

Das dachten sein Vater und Sarah offenbar auch, denn schon wenig später waren die Erwachsenen in ein Gespräch über die Nutzung natürlicher Ressourcen vertieft, während die Kinder fasziniert das Erdhörnchen beobachteten. Der Junge hieß Ted und war genauso alt wie James. Sein kleiner Bruder war sechs und kauerte neben Christine.

„Seid ihr oft hier?"

James wandte den Kopf und musterte Ted.

„Nein. Ist das erste Mal. Für mich jedenfalls."

Ted schien irgendetwas furchtbar aufregend zu finden, denn jetzt wurde er rot im Gesicht und seine blauen Augen glühten. „Wir sind auch zum ersten Mal hier. Sonst fahren wir in den Ferien immer nach Florida, aber dieses Jahr durfte ich entscheiden, weil ich ein gutes Zeugnis hatte."

James hob fragend die Augenbrauen.

„Wir sind aus Charlotte, Louisiana."

„Chicago, Illinois."

Jetzt riss Ted endgültig die Augen auf und James grinste.

„Echt wahr? Ich dachte, na ja, weil ihr doch Indianer seid ..."

Verlegen druckste Ted herum und ließ den Satz in der Luft hängen. In James stieg der bittere Geschmack der Wut auf.

„Du dachtest, weil wir Indianer sind, müssten wir im Reservat leben und hätten von nichts 'ne Ahnung."

„Nein. So ist das nicht."

Ted wurde noch röter und schüttelte heftig den Kopf.

„So hab ich das nicht gemeint. Bestimmt." Sein roter Kopf bewies das Gegenteil und James hasste ihn plötzlich dafür. Da war es wieder, dieses Gefühl nicht dazuzugehören. Anders zu sein.

„Was du nicht sagst." Er klang nun höhnisch und verletzend.

„Und wie ist es in Chicago?" Ted bemühte sich, die angespannte Stimmung zu ignorieren.

„Okay." James klang immer noch kalt und voller Misstrauen. In seinem Kopf rauschte es. Warum fühlte er immer diese Wut in sich? Er wollte nicht anders sein!

„Machst du auch Ferien?"

„Hm. Ich besuche meinen Vater." James bemühte sich um eine ruhige Stimme und zeigte mit einem Rucken seines Kinns in Franks Richtung. Ted musterte ihn neugierig. Vielleicht fielen ihm James kurze Haare auf.

„Ah! Sind deine Eltern geschieden?"

James zuckte die Schultern. Er wollte nicht ausgefragt werden. Er war neugierige Fragen nicht mehr gewohnt.

„Nein. Ich wohne bei meinen Eltern", antwortete er einsilbig.

„Wer sind dann die da?"

James hatte genug. Er wollte nicht lang und breit seine komplizierten Familienverhältnisse ausbreiten und diesem Typen dort weitere Munition für weitere unangenehme Fragen geben. Was bildete der sich eigentlich ein? Wieder war da diese Wut und James hätte diesem Ted am liebsten eins in die Fresse geschlagen. Noch eine blöde Frage und es setzt was, dachte er zornig. Seine Augen waren inzwischen genauso schwarz und undurchdringlich wie die Augen von Frank, wenn er sauer war. Zum Glück sahen die Erwachsenen zu ihnen her und James stand abrupt auf.

„Na, das ist mein Vater. Aber ich finde, du stellst eine Menge Fragen. Das ist hier nicht gerade gern gesehen."

„Tss", zischte Ted ungläubig und beendete mit einem unfreundlichen Tippen an seinen Kopf das Gespräch.

Du mich auch, dachte James, und war sich selber fremd.

Als sie wieder im Auto saßen, war sich James nicht sicher, ob er wütend auf Ted oder auf sich selbst sein sollte. Oder keines von beiden. Im Nachhinein fand er die Unterhaltung total blödsinnig. Warum hatte er so empfindlich reagiert? Dumme Fragen zum Thema Indianer kannte er schließlich zur Genüge. Was war bloß in ihn gefahren?

„Alles okay?"

Sarah wechselte gerade Dawns Windeln. Jetzt hielt sie inne.

James zuckte mit den Schultern.

„Sicher."

Sie nickte und fuhr mit ihrer Arbeit fort. Dawn krähte vergnügt vor sich hin und Christine klatschte begeistert in die Hände.

„Worüber habt ihr geredet?"

„Was?"

„Du und der Junge. Worüber habt ihr geredet?"

„Nichts."

„Dann bist du also über nichts wütend. Und wir haben uns schon Sorgen gemacht."

Sarah zog die Strampelhosen hoch, knüllte die alte Windel zusammen und schmiss sie an Frank vorbei aus dem Fenster.

„He!"

James sah der Windel nach und fühlte sich unbehaglich.

„Warum hast du das gemacht? Ich dachte, hier im Park darf man keinen Müll in die Gegend werfen. Überhaupt ..."

„Warum hast du das gemacht?", wechselte sie plötzlich das The-
ma und betonte dabei das „du" auf unangenehme Weise.
„Was?"
„Na, mit dem Jungen. Du hast ihn angemacht! Warum?"
James wurde immer kleiner auf dem Rücksitz, doch Sarah wand-
te sich ihm zu. Sie schien echt verärgert zu sein.
„Wolltest du dich mit Ted prügeln, oder was?"
Das war genau die Frage, die sich James selber stellte.
„Ich weiß nicht, was mit mir los war. Aber der Kerl hat so blöde
Fragen gestellt und ich …"
„Was für Fragen?", mischte Frank sich ein.
„Indianerfragen."
„Was?" Frank und Sarah sahen sich verblüfft an.
Gut, dachte James. Sollten sie mal sehen, wie das war, wenn
man von nichts eine Ahnung hatte. Aber er fühlte sich nicht
wohl dabei.
„Das Zeug eben, das sie immer fragen, wenn sie mich nicht ken-
nen. Als wäre ich blöd, nur weil ich Indianer bin."
„Die Wilsons hielten uns nicht für blöd."
„So? Vielleicht habt ihr es nur nicht bemerkt!"
James war lauter geworden. Er wusste nicht, warum. Aber plötz-
lich war die alte Wut wieder da. Frank bremste und fuhr rechts
ran. Er drehte sich um.
„Was ist los, James?"
„Was soll los sein? Ted hat mich angemacht und ich hab ihm
seine dämlichen Fragen beantwortet. Wir haben uns nicht ge-
prügelt, oder? Also was soll der Aufstand?"
James zitterte vor unterdrücktem Zorn und ballte die Fäuste.
„Prügelst du dich oft wegen Indianerfragen?"
„Nein. Jetzt nicht mehr."
Frank nickte. „Das ist gut! Du musst lernen, damit klarzukom-
men. Wir sind Überlebende. Wir müssen einen Weg finden, in

dieser neuen Welt zurechtzukommen. Mit unserem Wissen, mit unserer Kultur und unserer Sprache. Das ist nicht leicht!"

Die Wut war plötzlich verschwunden. James war nur noch müde. Er wollte nicht mehr darüber reden. Nicht mit seinen Eltern und erst recht nicht mit Frank. Indianersein war Übungssache, das war ihm schon gleich am Anfang in Minneapolis aufgefallen. Und er, James, hatte keine Übung. Er sah nur wie ein Indianer aus, aber in seinem Inneren war er James Powell. Ein Apfel. Es war nicht seine Kultur und seine Sprache. Und er fühlte sich auch nicht als Überlebender.

Frank sagte nichts. Nach einer Weile drehte er den Zündschlüssel und lenkte den Thunderbird auf die Straße zurück.

Die Badlands lagen nun links von ihnen. Angestrahlt von der untergehenden Sonne, die sich durch die Wolkendecke gekämpft hatte, lagen sie in all ihrer Pracht da. Ihr Anblick besänftigte James und er wurde ruhiger. Vor den ansteigenden Felsen erstreckte sich eine Landschaft aus Grashügeln, die mit vereinzelten Kiefern und Zedern bewachsen waren, deren dunkles Grün einen wunderbaren Kontrast zum Gelb der Gräser bildete. Frank meinte, sie sollten nach Büffeln Ausschau halten. Seine Stimme klang völlig normal und James fragte sich, ob sein Vater nur ein guter Schauspieler war oder ob er wirklich nicht nachtragend war. Er sah nach draußen.

Sie holperten auf einem Feldweg, auf dem nur Indianer und Naturschützer herumholpern durften, durch die Gegend und befanden sich plötzlich mitten in einer kleinen Büffelherde. Ein großer Bulle stand vor ihnen und versperrte die Aussicht.

Sarah, mit dem Baby im Arm, schien die beklemmende Vision von einem niedergewalzten Schrottauto zu haben. Frank hatte seinen Spaß. Er kurbelte sein Fenster herunter und gab James einen auffordernden Wink. Kurz darauf hing dieser eingeklemmt neben ihm aus dem Fenster und schoss Fotos von Büffeln aus Fleisch und Blut. Nicht aus Plastik! Christine drückte sich die Nase an der anderen Scheibe platt. Ihr Mund war ein rundes O und sie sah ebenso gebannt aus wie James.

Die Bisons erinnerten James an die Kiefern. Dunkel, stark und widerstandsfähig. Flecken in der Landschaft. Urwüchsig und uralt. Ohne dass James gefragt hätte, sagte ihm sein Vater die Worte auf Lakota und er wiederholte sie leise für sich.

Keiner erwähnte mehr den Zwischenfall von vorhin.

Auf ihrem Weg nach Westen ließen sie nichts weiter als eine Staubwolke zurück, die der Wind davontrug.

Als das Örtchen Scenic vor ihnen auftauchte, wurde James klar, dass der Zwischenfall noch nicht vergessen war. Niemand trug ihm etwas nach, aber inzwischen hatte James eine vage Ahnung davon, wie die Dinge hier liefen. Er wartete.

Frank kurvte um die Häuser herum und hielt vor einer heruntergekommenen Bar. Sarah rührte sich nicht. Frank stieg aus, klappte den Sitz nach vorn und gab James einen Wink. Zögernd stieg der Junge aus. Sein Vater saß auf der Kühlerhaube, einen Fuß auf der Stoßstange und betrachtete die Kneipe. James folgte seinem Blick und wollte gerade fragen, was an dieser Bruchbude so besonders sein sollte, als ihm das Schild auffiel. Das Schild hing über der Tür. Verblasste Farben. Aber die Schrift war deutlich zu erkennen. „No entry for indians and dogs"!

James schluckte und senkte den Blick. Sein Vater rührte sich nicht. Saß nur da und sah sich das Schild an. Dabei kannte er es. Hatte es mit Sicherheit schon tausendmal gesehen. Was dachte er? Und was erwartete er jetzt von James? Wollte er ihm zeigen, was es mit dem Indianersein wirklich auf sich hatte? Half womöglich die ganze Übung nichts? James stand da und schämte sich. Er hatte ja keine Ahnung. Die Stimme seines Vaters ließ ihn zusammenzucken.

„Ich sage nicht, dass du keinen Grund hast, wütend zu sein."

„Ich weiß. Es tut mir leid."

„Es muss dir nicht leid tun."

„Ich ... ich dachte nicht, dass es heute noch immer so schlimm ist. Gibt es viele solcher Schilder?"

„Nein. Das ist für die Touristen."

„Wirklich?"

James klang nicht überzeugt. Frank wandte sich ihm zu.

„Wirklich. Du solltest ein Foto machen."

„Ist das dein Ernst?"

Als Frank nickte, zog James widerstrebend sein Handy heraus. Er machte zwei Aufnahmen. Achtete sorgfältig darauf, dass die Schrift zu lesen sein würde. Frank beobachtete ihn.

„Ist es wirklich so schlimm für dich?"

James sah auf. Er wollte ausweichen, aber der Blick aus den tiefliegenden, dunklen Augen seines Vaters hielt ihn fest.

„Ich habe es immer gehasst. Ich wollte immer nur James Powell sein. Ein ganz normaler Junge, wie alle anderen auch. Unsichtbar. Weiß, denke ich."

„Und jetzt?"

James musterte die Wolken über ihnen und das Schild.

„Ich dachte, etwas wäre anders. Manchmal hatte ich das Gefühl, ich wäre endlich angekommen. Aber es funktioniert nur, wenn James Stands Alone unsichtbar ist. Und nicht einmal dann. Melvin hatte mich von Anfang an durchschaut. Ich bin nur auf der Durchreise. Ein Ferienindianer. Ein Beinahe New Yorker, der in Indianerland nach seinen Wurzeln sucht. Was für ein Witz!"

James verzog angewidert das Gesicht.

„Das ist kein Witz. Und du bist kein Ferienindianer."

„Gib dir keine Mühe, Frank. Das Experiment ist gescheitert."

„Welches Experiment?"

„Meine Mom wollte, dass ich hierher komme. Sie findet, ich soll mich mit meiner Herkunft auseinandersetzen. Aber das weißt du doch. Ihr habt telefoniert."

„Hm. Deine Mom ist eine ungewöhnliche Frau."

„Wie meinst du das?"

„Sie kennt dich gut."

„Und?"

„Sie hat dich trotzdem hergeschickt."

„Hat das was mit dem Schild hier zu tun?"

„Du lernst wirklich schnell."

„Was?"

„Was was?" Frank grinste.

„Was lerne ich schnell und was hat meine Mom mit diesem dämlichen Schild zu tun?" James war nicht nach Witzen zumute.

„Hast du es nicht gelesen?"

„Sicher. Na und?"

„Weißt du, was passierte, wenn ein Indianer dieses Schild nicht beachtete?" Frank war jetzt ernst.

„Keine Ahnung. Wurde er rausgeworfen?"

„Nein, James, sie haben uns nicht nur rausgeworfen. Und es ist auch nicht immer bei Prügeln geblieben. Du konntest im Gefängnis landen und auf dem Friedhof."

„Du warst im Gefängnis."

„Ja."

„Wegen so was?"

„Auch."

„Was hat das mit Mom zu tun?"

„Nur weil das Schild alt ist, heißt das nicht, dass sich in den Köpfen der Leute etwas verändert hat."

„Du meinst, wenn wir da jetzt reingehen, würden sie uns verprügeln?" Frank schüttelte den Kopf.

„Nein. Aber deine Mom macht sich Sorgen um dich. Sie weiß, dass es solche Schilder gibt und dass du wütend bist."

„Und warum hast du mich hierher gebracht?"

„Hier habe ich damals deine wahre Mutter aufgesammelt."

James zuckte zusammen und starrte auf das Gebäude.

„Sie war da drin gewesen, oder? Deshalb haben sie sie zusammengeschlagen, nicht wahr? Verdammte Scheiße!"

James bückte sich, raffte eine Handvoll Staub und Steine zusammen und warf sie wütend nach dem Schild. „Indianer und Hunde bleiben draußen!"

Bei Einbruch der Dunkelheit erreichten sie Rapid City. Die zweitgrößte Stadt von South Dakota war ganz anders als James sie sich vorgestellt hatte. Er hatte eine Art Westernstadt erwartet. Wie im Film. Stattdessen sah alles recht nett aus. Eine nette kleine Stadt.

Frank meinte, dass es schön wäre hier zu wohnen. Es gäbe zwar noch immer Vorurteile, aber sie hielten sich in Grenzen, weil inzwischen einfach zu viele Indianer in Rapid City lebten. Das fand er anscheinend lustig, denn er lachte, als hätte er einen guten Witz erzählt. James drückte sich tiefer in den Sitz und sah zum Fenster hinaus. Sein Vater war ihm immer noch ein Rätsel. Wie konnte er über so etwas lachen?

Kurze Zeit später hielten sie vor einem Krankenhaus. Sarah erklärte, dass eine Cousine von Frank gestern ihr Baby bekommen hatte. Sie wollten sie rasch besuchen, denn bei ihr würden sie die nächsten Tage bleiben. James wartete mit den Kindern im Auto, während es draußen dunkel wurde.

Der Besuch dauerte nicht lange und kurz darauf erreichten sie das Haus von Maggie. Vier kleine Kinder begrüßten sie scheu und rannten dann davon, um ihre große Schwester zu holen. Die fünfzehnjährige Sheila versorgte die Familie, solange die Mutter im Krankenhaus war und James wunderte sich darüber, dass ein so junges Mädchen so viel Verantwortung trug. Vier Kinder zu versorgen! Er war schon mit Christine überfordert!

Sarah und Sheila kochten für alle und sie verbrachten alle einen ruhigen Abend miteinander. Zu siebt schliefen die Kinder dann in Sheilas Zimmer. James wie immer im einzigen Bett, während die anderen mit einem Deckenlager auf dem Boden vorliebnahmen. Bevor er einschlief, dachte James flüchtig, dass etwas anders war diesmal. Er war nicht mehr allein.

Die Gesichter der Steine

Sie schliefen lange. Als James dann aufstand, musste er feststellen, dass Sheila bereits in der Küche war, um Frühstück zu machen. Sie lächelte kurz in seine Richtung und wendete den Pfannkuchen, den sie gerade backte.

„Du kannst den Tisch decken, wenn du willst."

„Hm."

„Teller und Tassen findest du im Regal. Besteck in der ersten Schublade."

James deckte den Tisch, während Sheila weiter Pfannkuchen auf einen Teller häufte. Sie war ziemlich groß und schlank. Das Gesicht eher rundlich mit einer Stupsnase. Er fand, dass Sheila überhaupt nicht wie eine Indianerin aussah. Außerdem hatte sie ziemlich helle Haut und rötliches Haar. Sie drehte sich um und ertappte ihn bei seiner Musterung.

„Stimmt was nicht?"

James wurde rot und verteilte hastig das Besteck. Dabei murmelte er etwas vor sich hin, das wie eine Entschuldigung klang. Sheila nahm die Pfanne vom Herd.

„Also?"

„Na ja, ich hab mich nur gefragt, wo dein Vater ist."

James hatte aufgehört mit dem Besteck zu klappern und sah Sheila an. Sie hatte tatsächlich grüne Augen! Und Grübchen, wenn sie lachte. Wie jetzt.

„Mein Dad ist irischer Abstammung, falls du dich über mein Aussehen wundern solltest. Und, um deine Frage zu beantworten, er ist nicht hier. Hat sich letztes Jahr verdrückt."

„Und deine Geschwister?"

„Schlagen alle Mom nach."

„Und das Baby?"

„Du bist ganz schön neugierig, James Stands Alone."

Er zuckte die Achseln. Sie hatte ja Recht.

„Mom hat einen neuen Freund. Ist nett. I-n-d-i-a-n-e-r."

Sie dehnte das Wort genüsslich in die Länge. James konnte nicht anders, er musste lachen. Sheila war, wie sich im Laufe des Tages noch mehrfach bestätigen sollte, eine umwerfend komische Person voller Energie und Lebensfreude. James war gern mit ihr zusammen. Sie brachte ihn zum Lachen und schaffte es, dass er sich im Handumdrehen wohl fühlte.

Ihre Mutter Maggie kam gegen Abend mit dem neuen Baby nach Hause. Der kleine Junge war putzmunter und drehte sein kleines Köpfchen, als wollte er seine Geschwister begrüßen.

Gegen Abend fuhr Frank mit Sarah und James zu seiner Tante, die am äußersten Stadtrand von Rapid City wohnte. Die Stadt und die Wege endeten bei ihr oder aber sie begannen dort. Je nachdem, wie man es sehen mochte.

James wurde mit einem Schlag bewusst, dass sie nun schon zum zweiten Mal Verwandte seines Vaters besuchten. Das war seine eigentliche Familie. Verrückt. So gesehen war natürlich auch Sheila mit ihm verwandt. Irgendwie. Total verrückt.

Als sie beim Haus der Tante ankamen, wurde er einer mittelgroßen, schwarz gekleideten älteren Frau vorgestellt, die ihr Haar kurzgeschnitten trug. Sie hatte sie bereits erwartet und begrüßte ihren Neffen mit unverhohlener Freude. Als Frank ihr James Namen nannte, umarmte sie auch ihn. Fest und warm. Nach anfänglichem Zögern erwiderte James diese Umarmung, die ihm ein berauschendes Gefühl der Zugehörigkeit vermittelte. Die ihn aufsog und mit einer Energie durchströmte, die er so noch nie empfunden hatte.

Frank hatte ihm vorher im Auto erzählt, dass seine Tante eine Medizinfrau oder Geheimnisfrau wäre, die mit den Weißen bisher nicht viel gute Erfahrungen gemacht hatte. Sie war die wichtigste Bezugsperson in seinem Leben, vor allen Dingen seit dem Tod der Mutter vor einigen Jahren.

James hatte dagesessen und nichts erwidert. Das war mehr Information über Franks Familie gewesen, als während der ganzen Zeit, die er nun mit ihm verbracht hatte. Er würde also nie seine Großmutter kennenlernen. Gab es auch keinen Großvater mehr? James fragte nicht. Er würde es erfahren, sobald sie es für richtig hielten. So lief das hier nun mal.

Später saßen sie in der kleinen Küche von Eileen Little Horse und unterhielten sich. Sie erzählte Geschichten, die sie im Laufe ihres Lebens als Medizinfrau erlebt hatte. James, der sich noch immer keine rechte Vorstellung davon machen konnte, was eine Medizinfrau eigentlich war, stellte überrascht fest, dass ihm das, was Eileen über die Geister von Verstorbenen erzählte, seltsam vertraut war. Er lehnte sich in seinem Stuhl zurück und versuchte zu ergründen, was es war, das ihn an der Frau von Anfang an fasziniert hatte.

Eileen vermittelte ihm dasselbe Gefühl wie das Land! Etwas Uraltes, Geheimnisvolles, das ihn willkommen hieß. Etwas, das er zu kennen glaubte, obwohl das nicht sein konnte. Verrückt. Seine ganze Situation war einfach nur verrückt. Seine Gedanken schweiften ab und nur nebenbei bekam er eben mit, dass Eileen ihren Sohn vermisste, der sich vor nicht allzu langer Zeit das Leben genommen hatte. Sie war in Trauer. Daher die kurzen Haare. Plötzlich breitete sich Stille aus und James fiel es schwer zu atmen. So viele Tote. Wie konnten sie da bloß immer lachen?

Frank ging plötzlich raus zum Auto und holte ein längliches Bündel aus dem Wagen. Neugierig sah James zu, wie sein Vater behutsam den roten Stoff aufwickelte. Als dann eine langstielige

Pfeife zum Vorschein kam, merkte er, dass er unwillkürlich die Luft angehalten hatte. Der Pfeifenkopf wurde extra verwahrt und war aus rotem Stein geschnitzt. Ebenso schlicht wirkte auch der Stiel, der aus Holz gemacht schien und kaum Verzierungen aufwies. Trotzdem hatte James das Gefühl, dass der Küchentisch plötzlich zum Altar geworden war. Er erinnerte sich undeutlich, dass das der Gegenstand war, mit dem Frank damals hinaus in die Gewitternacht gegangen war. Auch am Abend vor der Verhandlung war er mit dem Bündel nach draußen gegangen. Was hatte es mit dieser Pfeife auf sich, dass sie die Menschen so in ihren Bann zog?

James überlegte gerade, ob es wohl unhöflich wäre, eine diesbezügliche Frage zu stellen, als sein Vater noch etwas aus dem Lederbeutel zog. Sorgsam wickelte er auch diese Gegenstände aus einem roten Stück Stoff und legte sie vor seiner Tante auf den Tisch. James, der sich gespannt vorbeugte, musste zu seiner Überraschung erkennen, dass es sich nur um drei einfache Steine von unterschiedlicher Größe handelte. Er sah von Frank zu Eileen und traute seinen Ohren nicht, als sein Vater sagte, dass ihn diese Steine verwirrten, weil sie alle Gesichter hätten, die zu ihm sprechen würden!

James wagte nicht, nach den Steinen zu greifen, aus Angst, dass er als Einziger ihre Gesichter nicht würde erkennen können. Aber die Worte seines Vaters stießen in seinem Kopf klackend aneinander wie Impulskugeln und riefen ein dunkel tönendes Echo hervor. Wenn sogar die Steine in der Welt seines Vaters Gesichter hatten, dann müsste doch auch das wahre Gesicht von James Powell Stands Alone zu finden sein. Wer war er?

James klappte den Mund auf und wieder zu. Selbst wenn er gewollt hätte, er brachte keinen Ton heraus. Stattdessen fand er sich damit ab, dass sein Vater plötzlich den Verstand verloren hatte und hörte Eileens abgefahrenen Geschichten zu, die von der Kraft der Steine erzählten.

Ohne Vorwarnung wandte sich Eileen plötzlich ihm zu und fragte, warum James hierher gekommen war. Verlegen stotterte James etwas von einem Experiment, dann riss er sich zusammen und erklärte kurz und bündig die Beweggründe seiner Mutter, ihn zu seinem leiblichen Vater zu schicken. Als Eileen einfach schwieg, fühlte sich James verpflichtet, weiter zu sprechen. Nach einer Weile schwieg auch er. Es gab nichts mehr zu sagen.

„Das sind alles die Gründe anderer Leute. Was aber ist mit dir, James? Warum bist du hier?"

James warf einen nervösen Blick in die Runde. Hatte er das nicht eben ausführlich erklärt? Frank starrte bloß auf seine Steine und schenkte dem Gespräch zwischen seiner Tante und seinem Sohn offenbar wenig Beachtung. Sarah war auch keine Hilfe. Sie versuchte anscheinend in ihrem Kaffeesatz zu lesen. Und nun? Eileen blickte ihn abwartend an.

„Weil ich meiner Mutter einen Gefallen tun wollte, okay? Darum bin ich hier."

„Warum?" Die schwarzen Augen bohrten sich in die seinen. James wand sich vor Unbehagen auf seinem Stuhl.

„Es schien ihr wichtig zu sein", murmelte er lahm.

„Warum?"

„Warum, warum! Was weiß ich? Sie macht sich Sorgen um mich."

„Warum?"

„Das hab ich doch gesagt! Weil ich immer wütend bin!"

„Warum?"

James sah rot. Alles schien in einem roten Nebel vor seinen Augen zu verschwimmen. Die Wut drohte ihn zu verschlingen. Er wollte zuschlagen. Irgendetwas kaputtschlagen. Sein Herz raste.

Dann, genauso plötzlich wie es begonnen hatte, ließ der Anfall nach. James öffnete die Fäuste und atmete keuchend aus. Er war schweißbedeckt und zitterte. Aber er konnte wieder klar sehen. Sein Flüstern klang heiser und das Blut rauschte in seinen Ohren.

„Weil ich nicht weiß, wer ich bin. Ich weiß nicht einmal, was ich bin. Ich bin ein Niemand. Ein Nichts."

„Darum bist du wütend?"

„Ja."

„Warum?"

Er sah auf. Sie blickte ihn aufmerksam an. Er dachte nach.

„Ich weiß nicht."

„Warum weißt du es nicht?"

„Weil ich nie irgendetwas wissen wollte."

„Warum?"

„Ich glaube, ich hatte Angst."

„Angst? Wovor?"

James sah Eileen in die Augen. Sie waren unendlich tief und aus dieser Tiefe heraus lächelten sie.

„Ich hatte Angst davor, eines Tages hier zu sitzen und keine Antworten auf deine Fragen zu wissen." James grinste frech.

Sarah schaute überrascht hoch. Frank lachte laut und dröhnend und zwinkerte seiner Tante zu.

Eileen lehnte sich zurück und schmunzelte. Sie hielt ihre Tasse hoch und sagte einige seltsame Worte.

„Die Angst und die Wut machen dich klein, James. Du solltest sie loswerden."

„Wie?" Er wollte es wirklich wissen, aber sie schüttelte nur tadelnd den Kopf und meinte: „Falsche Frage."

James sah frustriert zu seinem Vater.

„Versuch's mal mit ‚Warum'!" Er zwinkerte.

James stöhnte.

Eileen schüttelte nochmals den Kopf und wischte mit der Hand über das fleckige Linoleum, das als Tischdecke diente.

Dann erklärte sie James, dass für die Lakota eine Tante zugleich auch eine Mutter war. Frank würde sie seit dem Tod seiner leiblichen Mutter auch so nennen. Das bedeutete, dass sie James Großmutter war. Und ihr Mann sein Großvater. Wenn er, James, das wollte. Wollte er?
Er schluckte. Sie sah ihm fest in die Augen und er erwiderte ihren Blick ohne zu blinzeln.
„Ich glaub schon."
„Gut." Sie nickte zufrieden.
„Von jetzt an werden wir uns alle mit Respekt behandeln. Du darfst mich Untschi nennen! Das bedeutet Großmutter."
James schluckte schwer. Ihm ging das alles irgendwie zu schnell. Bisher kannte er eigentlich nur Mom und Dad, und nun hatte er eine ganze Großfamilie. Meinte die Frau tatsächlich, was sie da sagte? War sie jetzt wirklich seine Großmutter? So richtig? Seine bisherige Erziehung hatte ihn nicht darauf vorbereitet. Da war alles immer logisch und kalkulierbar. Niemand redete mit Steinen und nahm fremde Menschen in seine Familie auf. Eigentlich war er doch für all diese Menschen ein Fremder. Aber sie behandelten ihn als Sohn, Onkel, Enkel, Cousin, als wäre er immer schon da gewesen. Das Experiment seiner Mutter nahm ungeahnte Wendungen.
Er wünschte, seine Eltern wären hier. Gleichzeitig wusste er aber auch, dass das eine sehr persönliche Erfahrung war, die er gerade durchmachte. Niemand konnte ihm dabei helfen. Es waren allein seine Entscheidungen, die zählten. Auf ihn kam es an. Und er war entschlossen, diese Sache durchzuziehen. Egal, was für bizarre Ansichten diese Leute auch haben mochten. Sie waren seine Familie.

Während James über seine Erfahrungen hier grübelte, war das Gespräch weitergegangen. Sein Vater und seine Großmutter planten, ihn offiziell in die Familie aufzunehmen. Es würde eine Schwitzhüttenzeremonie geben. Ob er wüsste, was das sei, wurde er gefragt, und er nickte unsicher. Das Gespräch mit Sarah fiel ihm ein. Das schien eine Ewigkeit her zu sein. Sarah fing seinen Blick auf. Sie hatte bisher kaum ein Wort gesagt. Dabei hätte es ihn interessiert, was sie darüber dachte. Wollte sie, dass James und sein Vater zusammenkamen? Er war nicht ihr Sohn. Aber vielleicht dachte sie, dass James trotz allem nicht bleiben würde. Er schüttelte diese Gedanken ab und konzentrierte sich auf das, was über die Schwitzhütte gesagt wurde. Mehrere Leute würden daran teilnehmen. Ein Medizinmann würde die Zeremonie leiten. Alles andere würde James verstehen, wenn es soweit war.

Und so saß James Powell auf seinem Stuhl in der Ecke, schlürfte seinen Kaffee, fühlte sich mit einem Mal geborgen, beinahe glücklich und merkte dabei kaum, dass er mehr und mehr zu James Stands Alone wurde. Für alle sichtbar.

Die Geheimnisfrau blinzelte in seine Richtung, deutete ein wissendes Lächeln an und wandte sich an ihren Neffen.

„Schau dir an, wie er da so still in seiner Ecke sitzt. Man könnte meinen, er kommt direkt aus der Reservation, als wäre er dort aufgewachsen."

Es wurde eine lange Nacht. Aber daran war James inzwischen gewohnt. Um zwei Uhr morgens fiel er todmüde, trotz des vielen Kaffees, ins Bett. Nein, auf den Fußboden neben Sheila. Das Bett war belegt und er gehörte mehr und mehr zu der Familie und war nicht mehr ausschließlich Gast.

Am nächsten Tag wurde es wieder ziemlich spät bis sie endlich aufstanden. Auch Sheila blieb diesmal genauso lange liegen.

Sheila und James unterhielten sich, während ein Kind nach dem anderen Sheilas Zimmer verließ.

Später frühstückten sie gemeinsam, alberten herum, kauften ein und hatten eine Menge Spaß.

James dachte viel über die Worte von Franks Tante nach. Die Vorstellung, dass sie so einfach, mir nichts dir nichts, seine Großmutter sein sollte, wollte noch nicht in seinen Kopf. Er fragte Sheila, aber die zuckte nur mit den Achseln und meinte, dass ihre Familie noch nie besonders traditionell gewesen wäre. Sie wüsste natürlich, wovon James sprach, aber entweder hatte sie keine Lust, weiter darüber zu reden, oder sie hatte wirklich nicht viel Ahnung. Zuerst hatte sie James stark an Lester erinnert. Beide sprühten nur so vor Energie und Witz. Aber er hatte sich getäuscht. Lester war trotz seinem allzeit bereiten Lächeln ein nachdenklicher Junge. Sheila dagegen kokettierte mit ihrem Charme. Sie wollte gefallen.

Sie knuffte ihn in die Seite und er bekam sofort ein schlechtes Gewissen. Schließlich musste er zugeben, dass sie ihm gefiel. Besser als Holly? Die Frage kam plötzlich aus ihm selbst. Gefiel ihm Sheila wirklich besser als Holly? Sie brachte ihn oft zum Lachen, nun gut. Er fühlte sich wohl mit ihr. Sie war hübsch. Und sie hatte rötliches Haar und grüne Augen. War es das? Wollte er das? Er hatte keine Ahnung und im Grunde war es ihm auch egal. Vielleicht sah er Holly ja nie wieder, aber Sheila war jetzt da.

In Maggies geräumigem Pickup machten sie gleich nach dem Mittagessen einen Ausflug mit den Kindern. Sie wollten unbedingt ins Delphinarium und so gönnten sie ihnen den Spaß, auch wenn James nicht ganz klar war, was ein Aquarium mitten in der Prärie verloren hatte.

Nach ihren Meeresabenteuer stand der Crazy Horse Mountain

auf dem Programm. James war schon gespannt, da sogar ihm der Name Crazy Horse ein Begriff war und er schon eine Menge über das gigantische Monument gehört hatte, das in den Black Hills entstand und das sogar die Präsidentenköpfe des Mount Rushmore übertreffen sollte.

Frank zuckte nur mit den Achseln und meinte, dass es neben den Befürwortern auch etliche Gegner des Projektes gab. Viele Lakota meinten, dass Crazy Horse, der immer gegen die Landnahme gekämpft hatte, sicher nicht gewollt hätte, dass ein ganzer Berg künstlich verändert würde. Und das ausgerechnet in seinem Namen. Und was dachte Frank? Er war im Grunde seines Herzens dagegen, aber andererseits fand er es in Ordnung, dass ein Lakota ein ebenbürtiges Denkmal zu den Präsidentenköpfen erhielt.

Außerdem durften sie umsonst rein, nur weil sie Indianer waren! Das gab es sonst wohl nirgends im Land. James lachte. Er stöberte eine ganze Weile in dem riesigen Andenkenladen und kaufte schließlich ein Buch über die Sioux und, nach kurzem Zögern, ein Wörterbuch. Frank fand das Buch in Ordnung. Zu dem Wörterbuch äußerte er sich nicht, weil James es ihm erst gar nicht gezeigt hatte. Vielleicht gelang ihm ja irgendwann mal eine Überraschung.

Ansonsten gab es nicht viel zu sehen – das Denkmal war immer noch in Arbeit – und so fuhren sie bald wieder.

„Frank?"

„Hm."

„Was würdet ihr tun, wenn sie euch die Black Hills wieder zurückgeben würden?"

James hatte seinen Vater schon öfter mit anderen darüber sprechen hören, dass die Lakota noch immer versuchten, mit Hilfe alter Verträge ihr Land wiederzubekommen. Angesichts der Tatsache, dass sich eine der ergiebigsten Goldminen des Landes, der Mount Rushmore und einige andere gewinnträchtige Dinge inmitten der Black Hills befanden, bezweifelte James stark, dass die Lakota je gewinnen könnten.

Aber Frank erklärte ihm, dass sie rein rechtlich gesehen das Gesetz auf ihrer Seite hätten und bereits verschiedene Geldangebote abgelehnt hätten. Sie wollten nur das Land.

„Und was würdet ihr dann damit machen?"

„Erstmal weg mit den Reklameschildern!"

James sah den Ausdruck im Gesicht seines Vaters, den er mittlerweile schon kannte, und wusste, dass seiner Meinung nach noch viel mehr ‚weg' sollte. Aber er sprach seine Gedanken lieber nicht aus.

„Unsere Chancen sind übrigens gewachsen. Viele Farmer und Rancher, deren Existenz von Großfirmen bedroht ist, stehen inzwischen auf unserer Seite."

„Gut."

James stellte fest, dass Sarah ohne Kommentar zum Fenster hinaussah und Sheila gelangweilt die Augen verdrehte. Sie interessierten sich offensichtlich nicht für Politik oder hatten dieses Thema schon oft genug durchgekaut. Keiner sagte mehr etwas und Frank fuhr schweigend weiter in Richtung Yellow Thunder Camp, einem Protestcamp, das sich seit Jahren in den Black Hills befand und das Teil des Kampfes um die Rückgabe der Schwarzen Berge war. Um dorthin zu gelangen, musste man einen schmalen Waldweg benutzen, der sich zwischen hohen Bäumen und schroffen Felsen hindurchschlängelte. Für James und die anderen im Laderaum des Pick-ups bedeutete das eine ganz schöne Hopserei und sie wurden kräftig durchgeschüttelt.

Plötzlich waren sie am Ziel. Eine Schranke aus einem schlanken Fichtenstamm lag quer über dem Weg. Daneben brannte ein kleines Feuer, über dem einige Männer Kaffee kochten. Frank streckte seinen Kopf zum Fenster hinaus, rief seinen Namen und schon wurde die Schranke für sie geöffnet.

Zwei junge Hunde begrüßten die Ankömmlinge übermütig und forderten sie zum Spielen auf. Ein Stück den Hügel hinauf stand ein hölzernes Aborthäuschen, aber sonst wies nichts auf ein Camp hin.

James und Sheila schlenderten umher und gingen durch den Wald. Es war unnatürlich still und jeder respektierte diese Stille. Menschliche Stimmen und Geräusche gehörten hier nicht her. Plötzlich tat sich vor ihnen eine Lichtung auf, auf der verstreut einige weiße Zelte und Tipis standen. Da sie nicht wussten, ob die Zelte bewohnt waren oder nicht, beschlossen sie, lieber einen Bogen um die Lichtung zu machen. Stattdessen kletterten sie den Abhang hinunter in ein kesselförmiges Tal, in dessen Mitte ein kleiner, idyllischer See lag, der von einem Bach aus den Felsen gespeist wurde. Versteckt zwischen Bäumen waren noch weitere Tipis zu erkennen, deren Anblick in der hereinbrechenden Dämmerung geheimnisvoll und auf fremde Weise schön wirkte.

Sheila ließ sich am Ufer des Sees nieder, klopfte mit der Hand auf das Gras neben sich und forderte James auf, das Gleiche zu tun. Eine Zeitlang saßen sie einfach nur da und blickten über das Wasser. Die Hitze des Tages lag noch immer im Tal und es summte und surrte in der Luft. Kein Windhauch regte sich und das Wasser lag ruhig und still wie ein Spiegel zu ihren Füßen. James zupfte sich einen Grashalm ab und begann gedankenverloren darauf herumzukauen, während Sheila nachdenklich eine Haarsträhne zwischen ihren Fingern rollte. Irgendwann redeten sie dann miteinander.

Darüber, was es für Sheila bedeutete, eine Indianerin zu sein ohne wie eine auszusehen. Sie konnte nicht verstehen, warum James nicht einfach mit nach New York gegangen war und seinen Eltern half, ihr schickes Apartment einzurichten. Stattdessen kurvte er hier mit seinem Vater durch die gottverlassene Gegend und suchte etwas, das er ihrer Meinung nach sowieso nicht finden würde. Sie jedenfalls würde liebend gerne mit ihm tauschen.

„Mit mir tauschen? Du spinnst ja! Du hast eine nette Familie und deine Mutter kümmert sich um euch. Warum sollte sich jemand wünschen, adoptiert zu werden?!"

James hatte den Grashalm weggeworfen und sah sie an.

„Ach komm, James! Warum gibst du es nicht zu?"

„Was denn?"

Sheila schüttelte ungeduldig den Kopf und stand auf. Nach ein paar Metern blieb sie stehen, stemmte die Hände in die Hüften und drehte sich abrupt um. James, der sich nicht vom Fleck gerührt hatte, saß nur da und starrte zu ihr hoch.

„Wenn du nicht so verdammt indianisch aussehen würdest, wärst du doch überhaupt nicht hier! Du hättest überhaupt kein Problem. Du wärst einfach nur James Powell."

Er war aufgestanden und hielt sich sehr gerade.

„Du denkst, es geht nur um das Aussehen?"

Sie zuckte die Achseln und runzelte die Stirn.

„Sicher doch. Wenn du so aussehen würdest wie ich, hätten deine Eltern wahrscheinlich gar nicht erwähnt, wo du herstammst. Ein niedliches Baby. Nur ein bisschen dunkler als die anderen, die zur Auswahl standen …"

„Hör auf! Du weißt überhaupt nichts!"

„Nein?! Ich weiß, wer und was ich bin, und dass es mir nicht gefällt! Hier bin ich für die einen einfach nur weiß. Für die anderen rot. Wenn ich eines Tages weggehe, werde ich bestimmt keinem erzählen, wo ich herkomme."

Sheila starrte ihn herausfordernd an. Ihre grünen Augen sprühten Funken und sie verzog geringschätzig den Mund.

„Und du? Du siehst aus wie ein Indianer aus dem Bilderbuch,
aber kannst dich nicht mal im Spiegel ansehen, ohne wütend
darüber zu sein. Hab ich nicht Recht?!"
James nickte nur. Sie hatte ins Schwarze getroffen. Seltsam war
nur, dass er nicht mehr wütend wurde. Aber auch sie war verblüfft. Sie hatte ihn provozieren wollen und seine ruhige Reak-
tion nahm ihr den Wind aus den Segeln. Sie musterte ihn plötz-
lich mit anderen Augen.
James zupfte einen neuen Grashalm und drehte sich zum See.
„Meine Eltern wollten ein ganz anderes Kind, aber es gab ir-
gendwelche Schwierigkeiten. Sie saßen wochenlang in South
Dakota fest und als sie schon aufgeben wollten, kam meine wirk-
liche Mutter ins Spiel."
Sheila war hinter ihn getreten. Er konnte ihre Nähe fühlen.
Spürte ihren Atem in seinem Nacken.
„Haben sie dich nicht gemocht?"
Überrascht drehte er sich um.
„Doch! Du verstehst das nicht. Sie mögen mich sogar sehr. Und
ich mag sie auch. Sie haben mir nie das Gefühl gegeben, fehl am
Platz oder unerwünscht zu sein."
„Aber die Indianer schon."
Das war keine Frage, sondern eine Feststellung. Sheila stand
jetzt direkt vor ihm. Es war kein Ausweichen möglich. James
seufzte.
„Das dachte ich immer, ja."
Er sah an ihr vorbei. Hinüber zu den milchig weißen Tipis. Aber
sie gab nicht nach. Fasste sein Gesicht mit beiden Händen und
drehte es zu sich her. James schluckte und suchte nach Worten
für etwas, das nicht zu erklären war.
„Das Aussehen hat mir nur den Rest gegeben, verstehst du?"
Er suchte die Antwort in ihren grünen Augen. Fand sich auf seltsame Weise bestätigt und fuhr stockend fort.

„Ich hab immer nur den anderen die Schuld gegeben. Wollte nie etwas von Frank wissen. Ich tat mir selber leid, ohne wirklich den Grund für mein Leid zu wissen. War es nur das Aussehen? Meine Herkunft? Dass ich adoptiert worden bin?"

Er sah sie wieder an. Sie hatte die Hände von seinem Gesicht genommen und erwiderte den Blick.

„Und jetzt ist es anders?" Ihre Frage klang sanft.

„Ich glaub schon." Er nickte. „Ich mag Frank."

Das tat er wirklich, stellte er überrascht fest. Und nicht nur ihn. Eine Menge Leute hatte sich seit seiner Ankunft um ihn gekümmert. Das hätten sie nicht tun müssen. Aber es lag ihnen offenbar etwas daran. Er sagte es Sheila.

„Dann hast du Glück, James. Ich beneide dich."

„Du beneidest mich? Warum?"

„Weil du zwei starke Familien hast, die zu dir stehen. Und weil du aussiehst wie du aussiehst." Sie grinste.

„Was soll das denn jetzt heißen?"

„Richtig niedlich!" Sie lachte neckisch und James wurde rot.

„Weißt du, ich hab dir nicht die ganze Wahrheit über meinen Daddy gesagt." Sie holte tief Luft. „Er ist wirklich abgehauen. Aber nicht erst letztes Jahr, sondern gleich nach meiner Geburt."

„Dann ist er nicht der Vater deiner kleinen Geschwister?"

„Nein. Marvin Old Wolf ist ihr Vater. Darum sehen sie auch alle irgendwie aus wie Mom. Nur ich nicht."

Die letzten drei Worte waren kaum ein Flüstern und James beugte sich vor, um alles zu verstehen. Dabei erkannte er, dass Sheila Tränen in den Augen hatte. Er erschrak.

„Sie tun so als wäre es nicht von Bedeutung, aber für viele Sioux aus der Res bin ich nur eine Weiße. Oder schlimmer noch, ein Halbblut. Marvin ist okay, aber als Trucker ist er sowieso fast nie da. Und Mom hält nicht viel vom Indianersein. Sie ist schon zufrieden, wenn die Miete bezahlt ist und dreimal am Tag Essen auf dem Tisch steht."

„Aber sie mag meinen Vater."

„Na und?"

„Alle sagen, er wäre ziemlich traditionell."

„Ist er auch. Jeder mag ihn."

„Du auch?!"

„Hm. Ja. Warum auch nicht? Er sorgt sich um seine Familie. Seine Frau mag ihn. Außerdem mäkelt er nicht an allem und jedem herum."

„Außer an den Weißen."

Sie lachten. Aber Sheila wurde gleich wieder ernst. James musste sich eingestehen, dass er sie völlig falsch beurteilt hatte. Das passierte ihm hier ziemlich häufig.

„Du meinst, er ist keiner von denen, die ... die dich für ein Halbblut halten?"

„Ich bin ein Halbblut, James. Aber ja, das meine ich. Dein Vater urteilt nicht über Leute, die er nicht kennt. Er gibt allen eine Chance. Er mag ja auch deine Adoptiveltern."

„Ich bin nicht wie mein Vater. Ich hab nämlich nur deine grünen Augen und das rote Haar gesehen. Außerdem dachte ich, dass du keine Probleme hast, weil du ja dauernd lachst."

Jetzt war es heraus. Er wagte es nicht, ihr in die grünen Augen zu sehen und hielt den Blick auf seine Schuhspitzen gesenkt. Sheila sagte eine Weile nichts. Dann fühlte James plötzlich wieder ihre Hände an seinem Gesicht. Er sah hoch. Sie waren beide gleich groß und sahen einander direkt in die Augen. Sheila beugte sich vor und küsste ihn auf den Mund.

„Menschen ändern sich." Sie lächelte ernst.

„Tun sie das?" Er schnappte nach Luft. Ihre Gegenwart war verwirrend.

Schließlich kletterten sie zurück.

Sarah und Frank saßen auf einer Decke und tranken Kaffee. Die Kinder waren unterwegs. Das lange Ausbleiben von James und Sheila schien niemandem aufgefallen zu sein. Falls doch, ließ sich keiner etwas anmerken.

Sheila ging hinüber zum Feuer und goss sich und James Kaffee aus der riesigen, rußgeschwärzten Kanne in zwei Blechtassen. Unter den jungen Männern, die um das Feuer saßen, befanden sich auch zwei Weiße, von denen einer aus Spanien war. Er sprach nur wenig Englisch, war aber sehr sympathisch. Der andere war etwas älter und kam aus Kalifornien. Beide interessierten sich für die Belange der Native Americans im Allgemeinen und für die der Lakota im Besonderen. Der dritte junge Mann war ein Arapaho aus dem Wind River Reservat in Wyoming und wendete geschickt die Bratkartoffeln in der schweren Eisenpfanne. Er hieß Tom und schien öfter in dem Camp zu sein. Er bewegte sich mit geschmeidiger Ruhe und schien hier jeden Schritt und Tritt zu kennen. Sheila kauerte sich zu den Männern ans Feuer und fing sofort ein Gespräch an. James dagegen kam sich etwas verloren vor und setzte sich ein Stück abseits auf einen Baumstamm.

Als sie bei Einbruch der Nacht schließlich aufbrachen, unterhielt er sich mit Sheila über das Hierbleiben und das Wiederkommen. In dieser Nacht schlief er sehr schlecht. Immer wieder wurde er wach und wälzte sich ruhelos von einer Seite auf die andere. Als er sich nach einem Glas Wasser wieder hinlegte, hörte er, wie Sheilas kleiner Bruder neben ihr auf die Matratze pinkelte. Das Geräusch verfolgte ihn. Es dauerte sehr lange, bis er endlich müde wurde.

So viele Fragen schwirrten durch das Zimmer.

Dann schlief er ein.

Auf einem Roten Weg

Er hatte kaum zwei Pfannkuchen gegessen, als sein Vater plötzlich in der Küche stand. Mit dem Pfeifenbündel in den Händen forderte er James auf sich zu beeilen, denn sie beide würden eine Fahrt machen.

James schluckte hastig den letzten Bissen hinunter. Er stand auf und suchte Sheilas Aufmerksamkeit, aber sie tat, als wäre er nicht da. Er begann sich zu fragen, warum sie ihn am Tag zuvor geküsst hatte. Dann beeilte er sich und folgte Frank nach draußen.

Frank fuhr nicht weit, sondern parkte gleich hinter dem nahegelegenen Supermarkt. James spürte, dass er nun Antworten auf die Fragen erhalten würde, die während der letzten Nacht im Zimmer umhergeschwirrt waren und seinen Kopf durcheinander gebracht hatten.

Das Auto stand still. Ebenso die Welt. Sie waren allein. Sie waren still. Und gemeinsam warteten sie darauf, dass ihre Gedanken denselben Weg gingen, damit die Worte, aus diesen Gedanken geboren, die richtigen sein würden. Sie warteten auf das Verstehen.

Frank sagte, dass sie miteinander reden sollten. Das, was geschehen würde und vor ihnen lag, wäre etwas sehr Ernstes und würde sie für den Rest ihres Lebens und darüber hinaus beeinflussen. Die Pfeife würde ihnen dabei helfen. Es klang ziemlich irre, als hätten sie beide irgendwelche Drogen gekifft.

Der Supermarkt war plötzlich nicht mehr da. James starrte benommen zur Windschutzscheibe hinaus. Die verrücktesten Gedanken stürmten auf ihn ein. Ein verbeultes Auto, Marke Donnervogel, konnte wunderschön sein. Gedanken und Gefühle hatten Kraft, sie sprengten die Welt. Der Wind sah und hörte alles. Alles war möglich. Oder befand er sich noch immer in seinem Traum? Lief er noch immer Treppen auf und ab ohne jemals anzukommen? Eilte durch Zimmer, die er nicht kannte? Hatte er das Recht diesen Schritt zu gehen? Etwas zu bekommen und zu werden, das er immer gehasst hatte? Hatte er überhaupt eine Vorstellung davon, wovon sein Vater sprach?

Frank wollte wissen, ob es ihm ernst war. In eine Familie aufgenommen zu werden, von Leuten, die sich fortan Sorgen um ihn machen würden. Das war kein Spiel. Und obwohl James durch seine Geburt Teil dieser Familie war, gehörte er durch Adoption und Erziehung auch zu einer anderen Familie. Er war Teil zweier Völker. Die Kulturen dieser Völker trennten mehr als nur zwei Himmel.

James warf einen Blick auf die Pfeife in den Händen seines Vaters und fühlte dabei nichts Befremdliches. Seine Eltern hatten ihn mehr oder weniger in ihrem christlichen Glauben erzogen, aber sie waren beide keine besonders spirituell veranlagten Menschen. Religion war etwas für Weihnachten und nicht für den Alltagsgebrauch. Hier lief das anders, daran gab es nicht den geringsten Zweifel. Er dachte an die Umarmung von Eileen und daran, wie geborgen er sich in ihrer Küche gefühlt hatte. An die Gesichter der Steine. Und James konnte nicht anders. Er antwortete seinem Vater, dass es für ihn alles andere als ein Spiel wäre, sondern vielmehr das Verantwortungsvollste, das er je in seinem Leben getan hätte.

Frank nickte, als hätte er nichts anderes erwartet.

„Sie werden sich von nun an stets daran erinnern, dass es ein Familienmitglied in einer anderen Welt gibt. Sie werden sich Sorgen machen und für dich beten. Du wirst willkommen sein, wann immer du kommst. Es wird keine Unwahrheiten geben, stattdessen wird das Vertrauen wachsen."

„Was ist mit meinen Eltern?"

„Das ist allein ihre Entscheidung."

„Mom wird der Schlag treffen." James warf seinem Vater einen Blick zu und grinste. „Soll ich sie nicht lieber anrufen? Was meinst du?"

„Das ist deine Entscheidung, James."

James unterdrückte einen Seufzer. Er dachte an seine Eltern in New York und verschob den Gedanken an einen Anruf auf später. Sein Vater hatte inzwischen in seinem neuen Job in der Anwaltskanzlei angefangen und seine Mom durchforstete höchstwahrscheinlich die Stellenanzeigen der New Yorker Schulen. Vermutlich war die Wohnung fertig eingerichtet und sie hatten es verdient, sich in aller Ruhe darüber zu freuen „Denkst du, sie werden deine Entscheidung respektieren?" Auch Frank hatte sich Gedanken über die Powells gemacht.

„Ja. Das werden sie", meinte James überzeugt. Sonst wäre er ja nicht hier!

„Gut."

„Was ist mit dir? Tust du das alles nur für mich?" James Stimme schwankte eine winzige Nuance und gespannt wartete er auf eine Antwort.

Frank ließ sich Zeit. Die Dinge zu überstürzen, war nicht seine Art.

„Ich wollte es für dich tun. Aber ich wusste nicht, ob du es überhaupt wolltest. Jetzt, da ich dich besser kenne, möchte ich es auch für mich selbst. Weißt du, damals war es nicht meine Entscheidung gewesen, dich wegzugeben. Aber nun ist es meine Entscheidung, dass du zu meiner Familie gehörst!"

James atmete tief ein und entspannte sich. „Geht mir genauso."

„Ich hab viel mit meiner Tante über dich gesprochen. Und mit dem Medizinmann, der die Schwitzhüttenzeremonie leiten wird. Hast du noch Fragen?"

James schüttelte den Kopf. Er hatte eine Menge Fragen, aber er glaubte nicht, dass sein Vater oder irgendein Medizinmann im Stande wären, sie alle zu beantworten.

„Erzähl mir einfach was über den Ablauf, damit ich mich nicht vollends blamiere, okay?"

Also erklärte Frank ihm den Ablauf der Zeremonie, damit er wusste, was man von ihm erwartete.

„Inipi – das ist die Reinigung von Körper und Seele mit dem Dampf von Wasser, das auf glühende Steine tropft. Im Inneren einer kleinen Hütte aus Zweigen, Decken und Tüchern. Im Inneren der Erde, umschlossen von der Kuppel des Weltalls werden wir singen und beten."

„Ist die Hitze auszuhalten?"

„Das liegt ganz an dir."

„Hm. Denkst du, ich schaffe es?"

„Sicher."

„Wie kannst du so sicher sein?"

„Du hast es mir gezeigt."

„Hab ich das?"

Frank nickte und startete den Wagen. Plötzlich war der Supermarkt wieder da. Wie aus dem Nichs. Als wären sie aus weiter Entfernung wieder zurückgekehrt. Frank fuhr nach Hause und der Rest des Tages zog an ihm vorbei als würde er nicht existieren. Zwischendurch fragte sich James immer wieder, ob das alles wahr war und ob es wirklich er war, dem das alles passierte. Er ertappte sich dabei, wie er im Bad einen Blick in den Spiegel warf. Fast erwartete er, dass ihn ein Fremder anschauen müsste, so sehr fühlte er die Veränderungen. Doch das Gesicht, das ihm entgegensah, war das Gleiche wie vorher. Aber das, was er sah, machte ihn nicht mehr wütend. Versuchsweise kniff er die Augen zusammen, runzelte die Stirn, lächelte. Er fuhr sich mit den Händen durch das schwarze Haar und fand nichts Störendes daran, dass er nicht so aussah wie seine Freunde zuhause in Chicago. Er konnte sein Erschrecken im Spiegel erkennen. New York würde von nun an sein Zuhause sein. Laney und Kevin waren von nun an weit weg. Weiter weg als Frank und seine neue alte Familie? Man würde ja sehen.

An diesem Abend versuchten Frank und er mit dem Medizinmann zu sprechen, doch er war nicht da. Das machte nichts, meinte Frank und kurvte mit James um die bunt gestrichenen Häuser.

Dann würden sie eben morgen noch einmal vorbeischauen.

Indian time.

Sheila hatte sich seit dem Ausflug in die Black Hills ziemlich rar gemacht. Am nächsten Morgen jedoch präsentierte sie der Welt und vor allem James wieder ihr strahlendes Selbst und ging ihm damit gehörig auf die Nerven.

Überhaupt war er auf unerklärliche Weise schlecht gelaunt und konnte sich im Grunde selbst nicht ausstehen. Es gab keinen objektiven Grund für seine schlechte Laune. Vermutlich verkraftete er einfach nicht, dass an manchen Tagen alles und an anderen Tagen nichts passierte.

Plötzlich schien er zu erwarten, dass hier jeder Tag mit einer Art Wunder begann. Dabei geschahen viele Kleinigkeiten, aber eben nichts, was seine Welt aus den Angeln hob.

Bis zum Abend wurde er wieder ruhiger und seine Stimmung besserte sich zusehends, so dass er irgendwann gar nicht mehr wusste, warum ihn alles und jeder und vor allem Sheila so furchtbar genervt hatte. War er etwa aufgeregt?

Frank, Sarah und er fuhren erneut zum Haus von Sonny, dem Medizinmann, und diesmal hatten sie Glück. Er war da.

Frank sagte, das hätte mit Glück haben nichts zu tun, denn der Mann wüsste ja, dass sie kämen. James brummelte vor sich hin, wieso er das dann nicht schon gestern gewusst hätte. Darauf warf ihm sein Vater im Rückspiegel einen amüsierten Blick zu. Zuerst sah es nicht so aus, als wollte er sich weiter in dieser Sache äußern, aber dann zeigte er Erbarmen:

„Gestern hatte Sonny vielleicht Wichtigeres zu tun. Und dir wäre es womöglich zu viel geworden. Heute siehst du ausgeschlafener aus. Richtig tatendurstig."

James schnitt seinem Vater eine Grimasse. Es war immer dasselbe. Wann würde er endlich akzeptieren, dass es keine Zufälle gab und dass die Leute hier besser über ihn Bescheid wussten als er selbst?

Dann saßen sie in Sonnys Wohnzimmer und er und Frank rauchten die Pfeife. Der Fernseher lief, doch niemand beachtete ihn. Es war warm und gemütlich und die Stimmung im Raum ernst und freundlich.

Als die Pfeife an Sarah und James weitergereicht wurde, war er voller Aufmerksamkeit. Sonny begann leise zu sprechen und sie hörten ihm zu.

James versprach, über Dinge, die zu persönlich oder heilig waren, nicht mit anderen zu reden. Es genügte, dass sie geschahen und er sie nicht vergessen würde.

Nach dem Rauchen der Pfeife verwahrte Frank sie wieder in ihrer roten Umhüllung und legte sie beiseite. Die besondere Stimmung blieb dennoch erhalten, auch wenn sich die Gebete und ernsten Gespräche nun in lockeres Geplauder verwandelten. Natürlich ließ auch Sonny die Gelegenheit, James ein wenig aufzuziehen, nicht ungenutzt verstreichen und ermahnte ihn streng, dass er in der Schwitzhütte unbedingt seine Augen geschlossen halten müsste und sie auf gar keinen Fall öffnen dürfte! James sah fragend von einem zum anderen und Sonny erklärte mit todernster Miene:

„Mein lieber James, der Anblick nackter Indianer hat schon so manchen aus der Bahn geworfen!"

„Ach." James warf einen bestürzten Blick auf Frank und Sarah, woraufhin alle in Gelächter ausbrachen.

„Was ist?!"

James hatte es noch nie ertragen können, Mittelpunkt eines Witzes zu sein und über sich selbst zu lachen. Leider schien aber gerade das den Lakota am meisten Spaß zu bereiten. James bezweifelte, dass er sich je an diese schräge Art von Humor gewöhnen würde. Sein Vater tätschelte ihm gutmütig das Knie und Sarah meinte aufmunternd, dass sie sich etwas Schickes überziehen würde. James schüttelte nur den Kopf.

Auf dem Nachhauseweg kauften sie Unmengen an Lebensmitteln für die bevorstehende Feier. Frank erklärte, dass Großzügigkeit eine der sieben Tugenden der Lakota war. James hob fragend die Augenbrauen und blieb mit dem Einkaufswagen stehen.

„Canku lúta el máni."

„Was heißt das?"

„Auf dem Roten Weg gehen."

„Was ist damit gemeint?"

„Es bedeutet, dass man den alten Ritualen und Traditionen selbst in einer veränderten Welt folgt. Das ist sehr schwer. Nur die Mutigsten und solche, die reinen Herzens sind, besitzen die Demut, diesen Weg zu gehen. Es bedarf großer Stärke, um gegen Zweifel und Dunkelheit zu bestehen. Kriegerstärke, um die Macht der Wahl wie eine Lanze zu führen, um herauszufinden, wer man wahrhaftig ist. Den Roten Weg zu beschreiten, fordert uns das Äußerste ab und deshalb wählen ihn nur wenige."

„Bedeutet das, dass man ein guter Mensch sein muss?"

„Das und manchmal noch viel mehr."

„Was ist mit denen, die es schaffen?"

„Die Alten sagen, dass diejenigen, die den Roten Weg gehen, als Tiere wiederkommen. Geister, geboren ohne Fragen, die bei ihrer Ankunft bereits wissen, wer sie sind. Die Qual der Suche nach sich selbst bleibt ihnen erspart."

„Stellt ihr euch so den Himmel vor?"

Frank blinzelte überrascht. Keiner von ihnen hatte bemerkt, dass die Leute einen Bogen um sie machen mussten. Und es störte sie auch jetzt nicht.

„Den Himmel? Nein, wir haben keinen Himmel."

„Was dann?"

„Einen exklusiven Club."

„Was?!"

„Da dürfen nur Indianer rein."

„Ihr macht Witze."

„Nicht die Bohne."

Sarah grinste und schob den Wagen zum nächsten Regal. James beschloss, die Sache mit dem Himmel auf sich beruhen zu lassen. Aber etwas interessierte ihn doch.

„Was sind die anderen sechs Tugenden?"

Sarah hielt den Wagen wieder an und wandte sich ihm zu.

„Mitgefühl, Geduld, Bescheidenheit, Tapferkeit, Weisheit und Respekt gegenüber der Schöpfung."

„Was passiert, wenn man's nicht schafft?"

„Man gerät auf den Schwarzen Weg."

„Und landet in der Hölle?"

„Nein. Kein Himmel. Keine Hölle. Die Eulenfrau lässt dich nicht passieren. Du darfst nicht rein in den Club."

„Und man wird nie erfahren, wer man ist. Die Suche hört nie auf." James nickte wissend und schob den Wagen zur Kasse.

Am nächsten Morgen kündigte Frank an, dass sie noch einmal in die Schwarzen Berge zum Yellow Thunder Camp fahren würden.

„Und was ist mit der Schwitzhütte?", wunderte sich James. Frank grinste breit und meinte: „Indian time!"

„Was?"

„Wir machen die Schwitzhütte, wenn es so weit ist!"

James schüttelte den Kopf und beschloss, sich stattdessen auf den Ausflug zu freuen. Er wurde richtig kribbelig, denn er konnte es kaum erwarten, mit Sheila wieder allein zu sein. Vielleicht konnte er doch das eine oder andere klären. Der Kuss war Vergangenheit und aus einer Laune heraus passiert. Keiner von beiden erwähnte ihn mehr. Aber das Yellow Thunder Camp hatte seine Spuren hinterlassen. James hätte ihr gerne von seinen Gesprächen mit Frank und Sonny erzählt, doch Sheila wollte von dem Indianerhokuspokus nichts wissen. Als sie erfuhr, dass Frank vorher noch bei seiner Tante vorbeischauen wollte, wäre Sheila fast nicht mitgekommen.

Aber die Aussicht auf einen Ausflug in die Black Hills hatte schließlich gesiegt und jetzt saß sie mit den anderen in Maggies Pick-up. Eileens Haus war randvoll mit Besuchern und platzte schier aus allen Nähten. Als James ausstieg, umarmte ihn Eileen und gab ihm vor allen Leuten einen Kuss auf die Wange. Danach verschwand sie mit den Erwachsenen im Haus und überließ es den Kindern, sich einen Platz und etwas zum Essen zu suchen. Sheila und James beschlossen, einen Ausflug in den nahegelegenen Wald zu machen. Der Tag war sonnig und wunderschön. Das Anwesen lag in den Ausläufern der Black Hills und war von Bäumen und Hügeln umgeben. Die wenigen Wolken, die der Wind über das Land trieb, warfen huschende Schatten ins Gras. Ein Schwarm Vögel, von ihnen aufgestört, flatterte über ihre Köpfe und flüchtete sich ins nächste Gebüsch. Die Luft war erfüllt vom Summen und Zirpen unzähliger Insekten und vom schweren Duft nach Harz und reifen Beeren. Sheila und James folgten dem schmalen Pfad, der sie vom Haus weg und tiefer hinein in den Wald führte. Christine hatte sich ihnen angeschlossen und trabte fröhlich durch das hohe Gras. Manchmal blieben sie stehen und sahen zurück zum Haus. James Augen schweiften dann hinüber zu dem Platz, an dem die Schwitzhütte stand. Es war nicht viel zu sehen, so versteckt lag der Ort, doch er wusste, wohin er schauen musste.

James schüttelte wiederholt den Kopf, bis Sheila ihn endlich fragte, ob er sich Flöhe eingefangen hätte.

„Nein. Ich habe mich nur gewundert."

„Gewundert? Worüber denn?" Sie kniff die Augen zusammen.

„Über alles. Da bin ich nun hier in Süd Dakota. Stehe mit dir in den Black Hills und pflücke Beeren, während ich auf meine erste Inipi-Zeremonie warte. Drüben im Haus ist ein Teil meiner neuen Familie versammelt, unter denen sich Schamanen und Aktivisten der Indianerbewegung befinden. Und heute werde ich vielleicht die Nacht im Yellow Thunder Camp in einem richtigen Tipi verbringen."

„Hm. Du redest schon wie sie."

„Liegt vielleicht am Aussehen, was?"

Darüber musste Sheila lachen und die Spannung, die bei seinen begeisterten Worten zwischen ihnen entstanden war, löste sich wieder auf.

Die Sonne war bereits am Untergehen, als sie aufbrachen. Das Land leuchtete in Gelb-, Braun- und Dunkelgrüntönen. Die Wolken bauschten sich zu gewaltigen Monumenten, um gleich darauf als Pinselwölkchen zu entschwinden. James spürte noch immer Eileens Umarmung und fühlte sich darin geborgen. Und vor ihnen lag irgendwo, tief in den Schwarzen Bergen, das Yellow Thunder Camp!

Sie bogen in den Waldweg ein und es gab keine Lichter und Reklameschilder mehr, keine anderen Autos. Nur noch ihren verbeulten Thunderbird und die Paha Sapa, die Schwarzen Berge. Plötzlich hielt Frank an und fragte James und Sheila, ob sie nicht Lust hätten, auf dem Kofferraumdeckel weiterzufahren. Aus Erfahrung wüsste er, dass das ein echtes Erlebnis wäre. Die Antwort war ein albernes Kichern und schon waren sie draußen, zwischen sich Christine, die vor Freude gluckste. Sie krähte und schrie aus Leibeskräften, wenn ihr Vater extra stark auf die Bremse trat, damit die drei Sonderpassagiere auch wirklich auf ihre Kosten kamen. Sheila klammerte sich lachend an James, der seinerseits an ihr Halt suchte. Es wurde eine verrückte Fahrt durch die Nacht!

Im Camp war nur ein Cousin von Frank da und Tom, der Arapaho. Die anderen waren in der Stadt oder bei Freunden. Neben der Hütte brannte unverändert das Feuer und sie begannen Decken auszubreiten und den mitgebrachten Proviant auszupacken.

Das Licht lag auf ihren Gesichtern und glänzte in ihren Augen. Die Hunde schnüffelten und die Nacht war lebendig. Sie drängten sich auf den Decken zusammen. Um sie herum standen die schwarzen Schatten der Bäume und flüsterten.

Als es draußen zu kalt wurde, siedelten sie um in die Hütte. Ein Feuer wurde in dem rußgeschwärzten Eisenofen angezündet. Sarah setzte sich auf das alte Sofa an der Rückwand der Hütte und die anderen verteilten sich auf Sessel, Stühle oder, wie James, auf dem Fußboden. Die Wärme des Feuers zog ihn an, seine Hitze ließ ihn glühen und schließlich wieder zurückweichen.

Frank und sein Cousin saßen sich auf zwei Stühlen am Ofen gegenüber, schürten das Feuer, tranken Wasser und wärmten das rauchige Leder einer großen Trommel zwischen sich.

An diesem Abend war etwas anders.

Sie schlugen die Trommel und sangen.

Etwas war da. James konnte es fühlen. Es war nicht so sehr das Lagerfeuer oder die langen Zöpfe der Männer, obwohl auch das Teil davon war. Es lag an dem Trommeln und dem Singen. An der kleinen Holzhütte im Herzen der Schwarzen Berge. Am Kreis und den guten Gedanken. James konnte sehen, wie es sich sogar in den Augen von Sheila spiegelte. James wurde es heiß, so nah am Feuer, mit dem Kopf voller neuer Gedanken und einem Gefühl der Freude tief in seinem Inneren.

Als sie aufbrachen, war es schon spät. Es würde wohl keine Nacht in einem Tipi geben. Zumindest erwähnte es Frank nicht mehr. Aber James machte das nichts aus. Obwohl er seinen Vater darum gebeten hatte, weil das so ziemlich das Einzige gewesen war, das er ursprünglich auf dieser Reise hatte unternehmen wollen. Wilder Westen pur!
Sheila und er saßen diesmal im Kofferraum, dessen Deckel offenstand, inmitten von Decken und Salbeibüscheln. Sie lachten und erzählten sich Schauermärchen von Ungeheuern, die nachts Kinder aus Kofferräumen klauten.
Die Fahrt war wunderschön. Der helle Weg, die schwarzen Bäume zu beiden Seiten und der klare Himmel über ihnen, mit all den Sternen, die den Toten helfen, ihren Weg zu finden. Die Decken waren warm und weich. James sah hinauf in den Nachthimmel und war eingehüllt in Decken, Salbeiduft und Freundschaft.
Plötzlich hielt Frank an, stieg aus, kam nach hinten und fragte einfach so, ob James nicht Lust hätte, im Yellow Thunder Camp zu übernachten.
Sein Vater schaffte es offenbar immer wieder mit Leichtigkeit, ihn zu überraschen. Er ließ ihn Enttäuschung fühlen und erleben, nur um im nächsten Augenblick das zu geben, das so unerreichbar schien.

James wurden seine Grenzen und Möglichkeiten deutlicher bewusst als je zuvor.

Auch dieser Abend war anders verlaufen als gedacht. Er hatte ihm ein Geschenk gemacht, dieser Abend. So wie all die Tage, die er hier verbracht hatte. Verstehen ist ein sehr wertvolles Geschenk. Und James hatte verstanden, hatte alles zurückgelassen. Nur noch die Lieder in einer anderen Sprache, das Lachen und die Menschen zählten.

James saß mit offenem Mund im Kofferraum und sah seinen Vater an, ohne ihn wirklich zu erkennen. Ihm kam der Gedanke, dass sie das alles gespürt und gewusst hatten. Sie hatten ihm leise und unaufdringlich geholfen, sie als Menschen zu begreifen. Und sie belohnten das Nicht-mehr-haben-wollen gerade mit dem, wovon man geglaubt hatte, es unbedingt haben zu müssen. Das war echt schräg, sinnierte James. Genauso schräg wie der abgefahrene Humor. Aber die Welt war ein Wunder und er hatte plötzlich das Gefühl, als würde die Erde ihm gehören.

„James?"

Die Stimme seines Vaters holte ihn zurück in die Wirklichkeit.

James klappte den Mund zu und nickte.

„Klar will ich das."

„Gut."

Frank stieg wieder ein, knallte die Tür zu und wendete. James kam es vor, als wären die Schwarzen Berge näher als zuvor. Als würden die Bäume jetzt mitfahren!

Sheila sagte gar nichts. Sie saß stumm neben ihm und er kam sich schlecht vor. Frank hatte nur ihn gefragt. Sheila war nicht in die Einladung eingeschlossen. James wagte nicht, sich zu bewegen, aus Angst, Sheila zu berühren. Aber er hatte sich getäuscht. Wie so oft.

„Freust du dich, James?" Ihre Stimme klang weich und verträumt an seinem Ohr. Überrascht drehte er den Kopf.

„Ja!" Das Wort explodierte förmlich in seinem Mund. Er musste diese Freude in seinem Inneren einfach heraus lassen und mit jemandem teilen. Sheila lächelte.

„Das ist gut."

„Bist du nicht sauer?" Er musterte ihr Gesicht in der Dunkelheit. Sie hielt die Knie mit den Armen umschlungen und sah hinaus in die Nacht.

„Doch. Ich war sauer."

„Jetzt nicht mehr?"

„Nein." Sie dachte nach. Legte sich das, was sie sagen wollte, sorgfältig zurecht.

„Du bist das Beste, was mir passieren konnte."

„Wie meinst du das?" James dachte an den Kuss.

„Als Mom sagte, dass Frank seinen Sohn aus Chicago mitbringen würde, dachte ich nicht, dass du so sein würdest."

„Wie bin ich denn?"

Sheila legte den Kopf auf die Arme, so dass ihr Gesicht ihm zugewandt war. Er sah sie aus dunklen Augen abwartend an.

„Anders. Ich hatte mir schon überlegt, wie ich es anstellen könnte, dass du mich nach Chicago mitnimmst. Und dann stellt sich heraus, dass du irgendwie indianischer bist als die meisten Sioux, die ich kenne. Komisch ist das."

„Wem sagst du das?"

Dann tauchte die Hütte im Schein des Feuers auf und James nahm Sheilas Hand.

„Würdest du mir einen Gefallen tun?"

Sie hob den Kopf und sah ihn neugierig an.

„Kommt drauf an."

„Keine Angst, ich frage dich nicht, ob du nicht trotzdem mit mir hier übernachten willst. Etwas viel Schlimmeres."

James hatte das Weiß ihrer Zähne kurz aufleuchten sehen, das machte ihm Mut.

„Würdest du an meiner Inipi- Zeremonie teilnehmen?"

„Ich?" Sie war wirklich überrascht.

Kurze Zeit später starrte er den rotglühenden Rücklichtern des Thunderbirds hinterher. Sheila war ihm die Anwort schuldig geblieben, aber sie wollte darüber nachdenken.

Jemand tippte ihn an der Schulter an. Tom stand neben ihm, mit einer Petroleumlampe in der Hand und James folgte ihm durch die Dunkelheit.

Dann tauchte vor ihnen, milchigweiß, das Tipi aus der Schwärze auf. Tom zeigte ihm, wie die Lampe funktionierte und nach einem kurzen „Good Night" fiel auch schon die Decke vor den Eingang und seine Schritte entfernten sich.

James betrachtete das Innere des Zeltes. Ein Ofen, viele Decken, dicke Matratzen, Holz, ein paar alte Teppiche und eine Obstkiste, auf der einige Romane lagen. Er stellte seine Tüte mit dem angebissenen Sandwich und dem kleinen, verschrumpelten Apfel ab, drehte den Docht der Lampe ganz niedrig, zog seine Schuhe aus und schlüpfte auf der größten Matratze unter drei dicke Decken.

Das flackernde Licht erhellte die kalte Dunkelheit und erfüllte sie mit Wärme. Er lag da, bis zu den Augen eingewickelt, schaute nach oben, wo die Tipistangen zusammengebunden waren, und suchte sich einen Stern am Nachthimmel.

Die Zeltstangen standen in einem schützenden Kreis und ragten in den Himmel. Er löschte das Licht. Man konnte die Nacht hören dort und die Träume standen Schlange an James Bett. Sie drängelten sich in seinem Kopf und die Sehnsucht streckte ihre dünnen Ärmchen aus. Bevor er einschlief, dachte James noch, dass das Leben manchmal ein seltsamer Ort sein konnte.

Mitakuye oyasin – All meine Verwandten

James wurde früh wach. Sofort wanderte sein Blick nach oben und suchte das Stück Himmel zwischen den Zeltstangen. Das kleine Stück, wo er gestern, kurz vor dem Einschlafen, noch seinen Stern gefunden hatte.

Lange Zeit lag er einfach nur da und beobachtete, wie das Licht die Zeltwand erreichte, an ihr emporkletterte und das Innere des Tipis mit strahlender Helligkeit erfüllte.

Wenn er ausatmete, bildete sich eine kleine Nebelwolke über seinem Kopf, doch mit der aufsteigenden Sonne kroch auch die Wärme in das Zelt. James fand, dass es nichts Schöneres gab, als in einem Tipi wach zu werden. Es war ein berauschendes Gefühl der Freiheit, der Verbundenheit mit etwas Größerem. Das mochte daran liegen, dass er sich irgendwie draußen befand, dass der Sonnenaufgang unmittelbar war, die Kälte und das Licht fühlbar waren. Natur war nicht nur ein Wort. Natur war alles.

James schlug die Decken zurück und stand auf. Er zog seine Schuhe an, schlüpfte in seine Jacke und fuhr sich mit den Fingern durch das Haar. Er hatte keine Ahnung, wie spät es sein mochte, denn sein Handy lag bei Sheila im Zimmer und er trug nur selten eine Armbanduhr. James verließ das Zelt.

Draußen wandte er sich unwillkürlich der Sonne zu, drehte sich in alle Richtungen und rief ein schweigendes Gebet in den Himmel, über die Bäume und in alle vier Richtungen. So ähnlich hatte er auch seinen Vater beten sehen. Es war ein gutes Gefühl.

James wollte allein sein, verspürte kein Verlangen nach Gesellschaft, auch nicht nach Essen oder Trinken, sondern er sehnte sich nach Einsamkeit.

Er ging auf einem der ausgetretenen Fußpfade hinüber zu dem kleinen See auf der Lichtung. Strahlend schön lag er in der Vormittagssonne, so dass James eine Weile stehen blieb, um ihn zu betrachten. Sheila kam ihm in den Sinn. Der Kuss, an den er öfter dachte, als er zugeben wollte.

Als er den See umrundete, fiel ihm ein kleiner Kuppelbau an seinem Ufer auf. Eine niedrige Hütte aus einem Geflecht von Weidenzweigen, auf der Decken lagen. Eine Schwitzhütte. Abrupt blieb er stehen. So neugierig er auch war, er wollte nichts falsch machen. Also entschied er sich, lieber nicht näher zu gehen. Stattdessen kletterte er die Böschung hoch und setzte sich dort ins Gras.

Er tat nichts, saß nur da und dachte nach, betrachtete den See und die Bäume. Er war einfach nur er selbst.

Wie lange James dort saß, wusste er nicht. Erst, als eine vertraute Stimme seinen Namen rief, kehrte er zu sich selbst zurück, stand auf und ging hinauf zu den anderen.

Frank, der ihn besorgt in Augenschein nahm, erwiderte sichtlich erleichtert sein Lächeln. Er wäre ein bisschen beunruhigt gewesen, als Tom ihm erzählte, dass sich James noch nicht hätte blicken lassen. Als er noch erwähnte, dass James wahrscheinlich auf der Böschung über dem See saß, hatte sich Frank gleich auf den Weg gemacht. Er brauchte nicht zu fragen, was sein Sohn dort gemacht hatte. Sie sahen sich in die Augen und beide wussten Bescheid. Sie fuhren zu Eileens Haus, wo die Vorbereitungen für die Zeremonie bereits in vollem Gange waren.

Außerdem wartete noch eine Überraschung auf James, über die sein Vater nichts Näheres verraten wollte. Er meinte lediglich, dass sie noch rasch jemanden in Rapid City abholen müssten. Einen besonderen Gast.

„He, zu Maggies Haus geht's aber da lang", wunderte sich James.

„Hm. Weiß ich."

Frank fuhr trotzdem weiter geradeaus. James verrenkte sich den Hals. Sarah tat, als hätte sie nichts gehört.

„Ich dachte, Sheila wäre die Überraschung?"

„Sheila? Nein, wie kommst du darauf?"

„Ich hab sie gebeten zu kommen."

„Das tut sie ja auch. Alle werden da sein."

„Aber ...'"

James ließ sich in den Sitz fallen, verschränkte die Arme vor der Brust und hatte große Lust laut loszuschreien. Wie immer begnügte er sich stattdessen mit Schweigen. Wie immer musterte ihn sein Vater grinsend im Rückspiegel.

„Aber mein Handy ist in Sheilas Zimmer."

„Vielleicht bringt sie's mit. Die Dinger sind sowieso nicht erlaubt in der Schwitzhütte. Fotos schon gar nicht."

„Ich weiß. Das habt ihr mir oft genug gesagt."

„Gut."

Frank lächelte fröhlich in die Gegend und Sarah klopfte gutgelaunt ein paar Powwow Takte auf dem Armaturenbrett. James gab auf und schmollte vor sich hin.

„Yep. Das tut gut, was?!" Sein Vater beobachtete ihn.

„Was?", fragte James misstrauisch.

„Ich genieße das auch immer. Habe leider nicht oft Gelegenheit dazu." Er summte vor sich hin.

„Was denn?!" James faltete die Arme auseinander und beugte sich zwischen den Sitzen nach vorn.

„Vielleicht sollten wir deinen Namen ändern."

„Wovon redest du eigentlich?!"

„'Schmollt vor sich hin'. Wie klingt das?"

Vor einem schicken Motel brachte Frank ihre Karre nach einer eleganten Kurve mit flottem Schwung zum Stehen. Ein ganzer Trupp Leute quoll aus dem Gebäude heraus und kam auf sie zu.

James schluckte und traute seinen Augen kaum. Zwischen all den fremden Menschen stand seine Mom!

Sie löste sich von den anderen, die plaudernd und lachend in einen dunklen Van einstiegen, und kam langsam auf ihn zu.

James wusste, dass seine Eltern und damit auch er zu den Betuchteren im Lande gehörten, aber bis zu diesem Zeitpunkt war er sich der Tatsache nicht bewusst gewesen, dass er sich tatsächlich verändert haben könnte. Niemand fuhr umsonst drei Wochen in einem zugigen, verbeulten Thunderbird durch die Gegend, besuchte Powwows und Protestcamps, schlief, wo der Schlaf ihn gerade überraschte und pflegte einen Lebensstil, der mit seinem bisherigen Leben nicht das Geringste zu tun hatte. Seine Mutter sah umwerfend aus, aber sie passte überhaupt nicht hierher.

Er hatte keine Ahnung, wie er reagieren sollte und ließ Frank zuerst aussteigen. Beobachten und abwarten. Wie ein Indianer eben. Er hielt sich bescheiden im Hintergrund und beobachtete die Szene. Frank hatte die ganze Sache eingefädelt und begrüßte Catherine nun ausgesprochen freundlich. Die Mutter seines Sohnes. Es war trotzdem surreal und befremdlich. James beobachtete, wie sein Vater Catherines Hand schüttelte und etwas zu ihr sagte, worauf sie sein Lächeln erwiderte. James entschloss sich nun doch auszusteigen und versteckte sich erstmal hinter Franks breitem Rücken. Sollte er seiner Mutter um den Hals fallen?

Die Leute im Van verrenkten sich die Hälse in ihrem Van und sahen aus, als würden sie am liebsten wieder aussteigen und seiner Mutter zu Hilfe eilen. Eine Weiße, die vielleicht von Indianern gekidnapped wurde? Ein Lachen blubberte in James hoch. Als auch noch Sarah aus dem Auto ausstieg, hatten die Fremden endgültig alamierte Gesichter und James befand sich kurz vorm Platzen. Weiße waren manchmal einfach zu blöd!

Schließlich trat er vor und ließ die Katze aus dem Sack. „Hi, Mom!", grüßte er sie weltmännisch.

Catherine, die gerade Sarah vorgestellt wurde, ließ die Hand sinken und staunte ihren Sohn an. Er konnte sehen, dass ihr die Tränen kamen. Wie immer in aufregenden Situationen reagierte sie sehr emotional. Das ärgerte ihn aber nur, weil er selbst am liebsten in Tränen ausgebrochen wäre. Undenkbar! Er ließ ihr einen Moment Zeit, damit sie ihr Gleichgewicht wiederfand, und ging mit drei großen Schritten auf sie zu. Sie schniefte ein bisschen, aber dann strahlte sie ihn an und breitete die Arme aus.

„Mom." Er hielt sie ganz fest.

„James." Sie konnte seinen Herzschlag spüren.

Hinter ihnen klatschten die Passagiere des Vans in die Hände, als hätten sie gerade ein Theaterstück gesehen. Familienzusammenführung in Echtzeit. Reality TV.

Frank grinste breit und fragte Catherine, ob sie ein eigenes Auto hätte oder lieber bei ihnen mitfahren würde.

„Lieber Gott, um keinen Preis möchte ich es versäumen, eine Runde in diesem Traumauto zu drehen!"

„Ist nicht gerade komfortabel. Sie müssten auf der Fahrerseite einsteigen, Mrs Powell."

„Catherine." Sie sah von Frank zu Sarah.

„Frank." Er lächelte.

„Möchten Sie vorne sitzen, Catherine?"

„Besten Dank, Sarah, aber wenn es Ihnen nichts ausmacht, würde ich gerne neben James sitzen."

„Sicher."

Die beiden zwängten sich nach hinten und das erste, was James zu seiner Mutter sagte, war, dass sie wahnsinnig schick angezogen wäre. Sie lachte und erwiderte, dass er dagegen so wunderschön zerzaust und glücklich aussähe, dass sie ihn kaum wiedererkannt hätte!

„Michael konnte leider nicht mitkommen. Du weißt ja, er hat gerade seine neue Stelle in der Kanzlei angetreten. Es tut ihm wahnsinnig leid, aber Franks Anruf gestern kam wirklich überraschend und …"

„Frank hat euch gestern angerufen?!" Kurz wechselte er mit Frank einen Blick im Rückspiegel. Die Vertrautheit, die sich zwischen ihnen gebildet hatte, raubte James den Atem.

„Ich wollte anrufen, aber ich hatte mein Handy nicht dabei."

„Wo warst du denn?" Seine Mutter hatte den Rückspiegel ebenfalls entdeckt. James merkte, dass sie Frank mochte. Und umgekehrt.

„Im Yellow Thunder Camp. Ich habe in einem Tipi übernachtet."

„Allein?!"

„Ja."

„Ich glaube, du hast eine Menge zu erzählen, wenn wir wieder zu Hause sind." Sie hatte die Worte leichthin gesprochen, aber dann schwieg sie betroffen. Frank und James beobachteten sie. Die Ähnlichkeit zwischen Vater und Sohn war verblüffend. Das lag nicht nur am Aussehen. Catherine schluckte nervös.

„Du kommst doch mit mir nach Hause, oder?"

Jetzt lächelten zwei Augenpaare über ihre Angst.

„Sicher, Mom, was dachtest du denn? Dass ich ewig mit dieser Schrottkarre durch die Gegend düse und meinem Vater auf den Wecker falle?"

„Ja, Catherine, ich wäre wirklich froh, wenn Sie ‚Schmollt vor sich hin' wieder mitnähmen. Er …"

Weiter kam Frank nicht. Eine frische Windel flog ihm an den Kopf und Sarah konnte mit einem raschen Griff ans Lenkrad gerade noch verhindern, dass sie in den Graben schlitterten.

Bei ihrer Rückkehr in Eileens Haus herrschte rege Betriebsamkeit. Sarah verschwand augenblicklich in der Küche, wo sie mit zwei anderen Frauen das Festessen zubereitete. Alle Zimmer waren vollgestopft mit Leuten jeden Alters. Trotzdem kamen immer noch weitere Gäste. Auch der Medizinmann traf nun ein und mit seiner Ankunft näherte sich das geschäftige Summen im Haus seinem Höhepunkt.

James hatte seine Mutter mit ins Wohnzimmer gezogen und stellte sie Eileen und ihrem Mann Joe vor. Sheila tauchte mit ihrer ganzen Geschwisterschar auf und Catherine bewunderte gleich den jüngsten Familienzuwachs in Maggies Armen. Als James ihr voller Stolz seine beiden kleinen Schwestern zeigte, verspürte Catherine einen Stich, aber sie nahm sich zusammen und lächelte tapfer. James dachte, dass sie wirklich eine ungewöhnliche Frau war. Sein Vater hatte Recht gehabt.

„Alles okay, Mom?" Er legte den Arm um ihre Schultern. Ihr glattes, blondes Haar streifte sein Gesicht, als er sich zu ihr beugte. Plötzlich kam sie ihm klein und hilflos vor. Sie umarmte ihn rasch und nickte. Das vertraute Grinsen erschien auf ihrem Gesicht. Und da wusste er, dass sie alles andere als klein und hilflos war.

Dann war alles für die Schwitzhütte bereit, die hinter dem Haus aufgebaut war. Frank und James gingen mit den Männern nach draußen, während die Frauen sich im Badezimmer umzogen. Es würde ein gemischtes inipi werden, an dem Frauen und Männer gleichermaßen teilnahmen, daher wickelten sich alle Handtücher um die Hüften, nachdem sie sich ausgezogen hatten. Die Frauen trugen leichte Baumwollkleider.

James ging noch einmal zu seiner Mutter und gab ihr den kleinen Ring, den er stets im linken Ohr trug.

„Frank sagt, ich müsste ihn ablegen, da es sehr heiß werden wird. Kannst du ihn so lange nehmen?"

Seine Stimme zitterte leicht. Aufrecht stand er vor ihr und hielt ihr den Schmuck hin.

Sie öffnete ihre Hand und er ließ den Ohrring hineinfallen.
„Alles okay bei dir?" Die Frage entfuhr beiden gleichzeitig und beide lächelten erleichtert.
James drückte ihre Hand, in der sein Ohrring lag und ging zurück zu den Männern.
Seine Mutter, die lieber draußen bleiben wollte, wurde zu einem der Türsteher bestimmt. Aufgabe der Doorkeeper war es, das Erhitzen der Steine zu überwachen und diese dann mit Hilfe einer Heugabel oder Schaufel ins Innere der Schwitzhütte zu reichen. Außerdem mussten sie stets bereit sein, die Decken, die den Eingang verschlossen, anzuheben, sobald der Ruf mitakuye oyasin ertönte.
Sie krochen nacheinander, in einer vorher bestimmten Reihenfolge, in die niedrige Hütte und setzten sich um die Vertiefung, die in der Mitte ausgehoben war.
Glühende Steine wurden von außen aus der Feuergrube hereingereicht und der Eingang der Schwitzhütte verschlossen. Die Dunkelheit umschloss James wie eine Decke. Trotz seiner Aufregung fühlte er sich gut. Er hörte die anderen mit ihm atmen. Er fühlte seinen Vater neben sich und brauchte nur die Hand ausstrecken, um ihn zu berühren. Die Hitze, die von den Steinen ausstrahlte, war jetzt schon sehr stark. James spürte, wie der Schweiß aus allen Poren drängte. Er holte tief Luft und sein Herzschlag beruhigte sich etwas. Dann erstarb das leise Gemurmel um ihn herum und er konzentrierte sich auf die kleinen Geräusche, die ihm verrieten, dass er nicht allein war. Die orangeglühenden Steine lächelten ihm zu.
Als Sonny die erste Kelle Wasser über den Steinen ausgoss versank die Welt und James ganzes Sein in Dampf und Hitze. Schweiß floss seinen Körper hinab und er fühlte sich seltsam leicht und losgelöst. Die zweite Kelle raubte ihm schier den Atem und er meinte sein Inneres würde verbrennen. Doch gleich dar-

141

auf hieß er den Zustand willkommen, lehnte sich in die Hitze und den Dampf, atmete die flüssig gewordene Luft und ließ seinen Geist los. Flüchtig bemerkte er, dass sich die Hand seines Vaters auf sein Knie legte und seine leise Stimme flüsterte:

„James? Alles okay?"

„Ja. Mir geht's gut."

Die Hand verstärkte kurz ihren Druck und verschwand. Die Stimme blieb. Dicht an seinem Ohr und doch weit entfernt.

„Sie werden die Pfeife herumreichen. Du weißt, was du tun musst, nicht wahr?"

„Ja, Dad."

Frank hörte, wie jemand neben ihm die Luft scharf einzog. Er lächelte in die Dunkelheit. Das Wort hatte sich seinen Weg gesucht und gefunden. Er war machtlos gewesen. Die Stimme neben ihm schwieg noch immer. War da ein Schluchzen?

Dann sah er einen Lichtpunkt auf der anderen Seite. Die Pfeife wurde entzündet. Der Rauch und der Geruch nach Salbei verteilte sich in der Hütte und legte, sich schützend auf die schweißbedeckten Körper. James erkannte Sonnys Stimme. Der Mann betete auf Lakota. Lange. Anschließend wurde die Pfeife im Uhrzeigersinn weitergereicht. Gebete und Gesang erfüllten die Hütte.

Dann hielt James die Pfeife in seinen Händen und seine Kehle war wie zugeschnürt. Der Schweiß rann ihm in die Augen, er legte den Kopf in den Nacken und die Worte flossen ihm zu, flossen durch ihn hindurch wie ein Fluss auf seinem Weg zum Meer. Als er endete, ging ein Raunen durch den Kreis.

Die Hand berührte abermals sein Knie und als er die Pfeife an seinen Vater weitergereicht hatte, erklang dessen Stimme zuerst gepresst, beinahe erstickt. Aber dann erhob sie sich und James fühlte sich von ihr umhüllt und geborgen. Als die Pfeife ihren Weg vollendet hatte und eine weitere Kelle Wasser auf die Steine gegossen war, erklang der Ruf: „Mitakuye oyasin!"

Sofort wurden die Decken am Eingang hochgeworfen und kühle, süße Luft strömte herein. In dem vagen Licht, das mit der frischen Luft und neuen Steinen in die Hütte kam, erkannte James die schemenhaften Gestalten um sich her. Schweißglänzende Körper und das Aufleuchten weißer Zähne.

„Was bedeutet der Ruf?"

Alle Köpfe drehten sich in seine Richtung. Alle Gesichter wandten sich ihm zu, als Eileen ihm antwortete:

„‚Mitakuye oyasin' bedeutet ‚All meine Verwandten'."

James nickte, als hätte sie ihm nur etwas bestätigt, das er bereits seit langem wusste. Dann fielen die Decken wieder herab und es wurde dunkel. James verlor jedes Zeitgefühl und ließ sich treiben. Einmal glaubte er, blaue Lichtfunken durch die Hütte tanzen zu sehen. Alles versank in Hitze, Gebeten und dem Rauch der heiligen Pfeife.

Als nach dem letzten „mitakuye oyasin" der Eingang offen blieb, krochen alle wie bei einer Geburt nach draußen, wo sie von den Doorkeepern und der frischen Nachtluft begrüßt wurden. James sog die Luft in die Lungen. Sein Vater legte ihm den Arm um die Schultern.

Nach einer Weile wagte sich auch Catherine wieder näher heran und erzählte mit der Begeisterung eines Kindes, dass sie das erste Mal in ihrem Leben eine Sternschnuppe gesehen hätte. Und zwar nicht nur eine, sondern gleich drei!

Alles schien neu zu sein, obwohl alles gleich geblieben war. James war glücklich. Seine Mutter sah ihn mit einem seltsamen Ausdruck in den Augen an, den er nicht deuten konnte. Vielleicht war er zu müde oder einfach nur zu glücklich, um ihn überhaupt deuten zu wollen.

Er war angekommen. Er gehörte dazu. Er war James Stands Alone. Er musste Frank fragen, was Vater auf Lakota bedeutete.

Und er musste endlich etwas trinken! Und etwas zu essen wäre auch nicht schlecht!

Die Frauen waren bereits im Haus verschwunden, als die Männer ihre Handtücher ablegten und wieder in die Kleider schlüpften. Als sie ins Haus kamen, wartete Sarahs Festschmaus auf sie.

Dann unterhielt man sich. James schlenderte mit seiner Mutter durch die Zimmer. Natürlich machten die anderen wieder ihre Witze und trieben ihren Scherz mit ihm.

„Hey, James! Schmeckt die Hundesuppe?!"

Brüllendes Gelächter schlug ihnen entgegen, als er und Catherine betroffen auf ihre Teller starrten. Sie sah ihn fragend an und er hob nur die Schultern.

„Man kann nie wissen, Mom!" Er grinste sie an.

Catherine blickte einen Moment scharf in die Runde, erkannte sofort, was hier gespielt wurde, und grinste, bevor sie genüsslich ihre Suppe fertig aß.

„Mom, du hast echt das Zeug zu einer Siouxlady!"

„Tja, ich bin eben ein Naturtalent!"

„Du hast dich wirklich damit beschäftigt, nicht wahr?"

James war wieder ernst geworden. Seine Mutter sah ihn liebevoll an und nickte.

„Ich hoffte, dass es dir eines Tages nützen würde."

Schließlich wurde es spät und es stellte sich die Frage, ob James mit seiner Mutter zurückfliegen wollte.

„Nein, Mom. Ich möchte die Sache bis zum Ende durchziehen."

Er sah seinen Vater an und der nickte. Sarah auch. Damit war die Sache entschieden. Es würden nur ein paar Tage Unterschied sein, aber James wollte nicht eine Sekunde davon verpassen. Nicht jetzt.

Als er sich von seiner Mutter verabschiedete, nahm sie sein Gesicht in beide Hände und sagte, dass sie in dem Augenblick, als er aus der Schwitzhütte gekommen war, das Gefühl gehabt hatte, ihn verloren zu haben. Verloren an etwas, an dem sie keinen Anteil hatte. Er starrte sie ungläubig an.

„Du hast mich nicht verloren, Mom. Ich weiß jetzt nur, wer ich bin und wohin ich gehöre."

„Verdammt, James, ich erkenne dich kaum wieder. Ich habe einen Jungen auf eine Reise mit unbekanntem Ziel geschickt und jetzt steht mir ein junger Mann gegenüber, der offenbar weiß, was das Leben für ihn bereithält."

Sie sahen einander an und blickten dann hinüber zu Frank, der lässig an seinem Thunderbird lehnte und den Sonnenaufgang betrachtete. James räusperte sich.

„Ich habe jetzt zwei Väter, Mom."

„Das sehe ich, James."

Sie strich ihm über die Wange. Er legte seine Hand auf die ihre und drückte sie.

„Wir müssen los, James. Du solltest dich auch von den anderen verabschieden." Frank ging ins Haus.

Eileen umarmte James fest und stark. Sie sah ihm tief in die Augen und meinte, dass sie so ein Gefühl hätte, als könnte auch James eines Tages der Hüter einer Pfeife sein. Auf sein ungläubiges Gesicht und seine vorsichtige Frage erwiderte sie lediglich, dass sie sehen könne, dass er sich auf dem richtigen Weg befände.

„Dem Roten Weg?"

„Vielleicht." Sie lächelte zum Abschied.

Sheila gähnte hinter vorgehaltener Hand, aber sie hatte auf ihn gewartet. Ihre Geschwister schliefen im Pick-up.

„Und? Wirst du mal wiederkommen?"

„Sicher. Wenn du mich auch mal in New York besuchst."

Er küsste sie auf den Mund und wurde rot. Sheila verstrubbelte sein schwarzes Haar und winkte. Dann war sie fort.

So viele Abschiede. So viele Menschen, von denen er sich trennen musste, obwohl er sie gerade erst gefunden hatte.

Und die Zeit drängte.

Sie brachten seine Mutter zurück in ihr Motel und brachen dann auf. Nach Rosebud. Zu ihrem letzten gemeinsamen Powwow am Ende dieses Augusts.

Sie fuhren die letzte Stunde der Dämmerung und dann hinein in den Morgen.

James döste unterwegs. Es war nicht wirklich schlafen. Es war schön, dass er seinen Gedanken nachhängen konnte. Er freute sich auf zuhause und auf New York. Aber er freute sich auch darauf, irgendwann hierher zurückkehren zu können.

Nach stundenlanger Fahrt mit nur wenigen Unterbrechungen erreichten sie Rosebud. Die Kinder hatten die meiste Zeit geschlafen.

Keine Verwandtenbesuche mehr, denn die Zeit drängte. Übermorgen schon ging James Flug nach New York und noch immer befand sich die Hälfte von South Dakota zwischen ihnen und Sioux Falls. Und ein Powwow!

Sie ruhten sich aus bis zum Nachmittag.

Noch einmal den großen Einzug zu erleben, das war alles, woran James noch denken konnte.

Sarah und Christine zogen sich um und sie machten sich auf den Weg. Powwow im Rosenknospen-Reservat.

Die Zeit rann wie schnelles Wasser durch James Finger und er konnte es nicht aufhalten. Er stand nur da und sah zu. Eine Frage nahm in seinen Gedanken Gestalt an und er wollte sie gerade aussprechen, als Lester auf ihn zukam. Sofort hellte sich James Stimmung wieder auf und er ging spontan auf den Jungen zu und umarmte ihn. Lester sah ihn prüfend an und grinste.

„James Stands Alone."

„Lester. Schön dich zu sehen."

„Wie war's in Rapid?"

„Gut."

„Ich hab gehört, du gehörst jetzt offiziell zur Familie."

„Hm. Ja. Sieht so aus."

„Aber ihr seid nur auf der Durchreise."

„Mein Flug geht übermorgen."

Sie standen eine Weile da und sagten nichts. Lester scharrte mit den Füßen im Staub. James wusste, dass er ihn und all die anderen vermissen würde.

„Kommst du wieder?"

„Darauf kannst du wetten!"

„Warum bleibst du nicht gleich hier?"

„Muss noch was erledigen."

„Hm."

„Tanzt du?"

„Nein. Aber die Yellow Winds sind hier. Jerome kriegt bestimmt wieder den ersten Preis. Dann hat er sein Auto so gut wie sicher. Ich muss jetzt los. Wir sehen uns."

„Ja. Wir sehen uns."

Und dann war er fort. In der Menge untergetaucht.

Sie schlenderten umher James fühlte sich nicht wirklich wohl. Vielleicht lag es an dem Abschiedsschmerz, den er bereits in sich trug.

Alles schien plötzlich fremd. Vielleicht lag es aber auch daran, dass das Powwow hier wesentlich größer war als in Crow Creek und Lower Brulé. Vielleicht war aber auch das Fehlen von Freunden und Verwandten der Grund. Bei den anderen Powwows waren weniger Menschen gewesen und seine Großfamilie hatte ihm das Gefühl gegeben dazuzugehören. Vielleicht war es aber nur die Tatsache, dass er sich lediglich auf der Durchreise befand. Wie Fremde wohnten sie im Motel und nicht bei Verwandten, wie sonst. Er fühlte sich plötzlich wie ein Fremder, der einen weiteren Punkt auf der Liste der Sehenswürdigkeiten abhakte. Nichts war wie es sein sollte.

Noch einmal kaufte James für sie alle Tacos und sie suchten gemeinsam nach einem guten Platz. Der Wind fegte über die offene Prärie und trug den gelben Staub vor sich her. Sie rückten eng zusammen. Die Welt geriet aus den Fugen.

Dann setzten die Trommeln ein, erhoben sich die Stimmen der Sänger in den Himmel und sie wurden ruhiger.

Der Einzug der Tänzer begann. Es war nicht weniger faszinierend als die anderen Male zuvor, und doch war es eine andere Person, die hier an James Stelle saß und alles betrachtete. Betrachtete mit den Augen eines Menschen, der Abschied nehmen sollte und nicht verstand, warum.

Jerome Yellow Wind wirbelte vorbei und James erhaschte einen kurzen Blick auf sein konzentriertes Gesicht, das ihm flüchtig zulächelte. Holly tanzte mit zierlichen Schritten in der Reihe und winkte mit ihrem Fächer aus Adlerfedern. Das ganze Volk tanzte und James verlor sich für die kurze Spanne einer kleinen Ewigkeit in den Bewegungen und Tönen, die ihm nun so vertraut waren.

Stunden später waren sie bereits wieder unterwegs. Es ging zurück nach Sioux Falls, wo ein Flugzeug nach New York auf ihn wartete. „Vielleicht sollte ich meine Haare wachsen lassen?", überlegte James.

„Vielleicht!", stimmte Frank zu und dann zwinkerte er verschwörerisch. „Frauen stehen auf langes Haar, weißt du!"

„Echt?"

„Na, klar! Langes Haar ist wie Rock'n Roll oder Wind-in-seinem-Haar aus ‚Der mit dem Wolf tanzt'! Wirkt immer!"

„Ich glaube, den Film muss ich mir nochmal ansehen. Dieses Mal mit anderen Augen!", lächelte James zurück.

Einen Tag später saß James Stands Alone im Flugzeug nach New York, wo er in ein paar Jahren seinen Schulabschluss machen würde. Dann gehörte er zu den Indianern mit Bildung und könnte so Typen wie Ted auf andere Weise in den Hintern treten. Vielleicht wurde er mal Anwalt und vertrat Frank dann vor Gericht. Das wäre bestimmt sehr praktisch! Aber bis dahin würde er noch oft hierher zurückkommen. Er lächelte, denn er wusste, dass er jetzt ohne Wut in den Spiegel schauen konnte. Er würde ihn den anderen vorhalten, mit dem untrüglichen Humor seines Volkes.

Autorenporträt

1983 schrieb Alexandra Walczyk
im Alter von vierzehn Jahren einen
Brief an die Black Hills Alliance
in South Dakota mit der Bitte um
authentische Informationen zur Lage der Lakota.
Einen Monat später erhielt sie ein dickes Paket nebst Brief und
unbekannter Adresse. Der Beginn einer wunderbaren, wenn
auch etwas heiklen Freundschaft. Der neue Brieffreund war be-
kennender Aktivist des AIM, 28 Jahre alt und saß gerade eine
längere Haftstrafe ab. Doch die Freundschaft wuchs und gedieh,
so dass einem Treffen vier Jahre später nichts im Weg stand.
1987 machte sich die Autorin auf in unbekanntes Land und erfüllte sich einen lange gehegten Traum. Mit Gabriel White Bull,
seiner Frau und den beiden Töchtern erlebte sie einen Sommer
lang den Alltag einer indianischen Familie zwischen Reservat
und Stadt, Powwow und Studium, Armut und Hoffnung. Sie
wurde vom Gast zum Teil der Familie und hatte sich nie zuvor
fremden Menschen so nah gefühlt.
Ergebnis dieser Reise waren viele Bilder und ein Tagebuch voller Erinnerungen. „Die Gesichter der Steine" sind direkt aus
diesem Reisetagebuch entstanden. Die Autorin hat lediglich die
Sichtweise geändert, so dass statt ihrer nun ein vierzehnjähri-
ger Lakotajunge, der als Kleinkind von einem weißen Ehepaar
adoptiert worden ist, zu seiner Familie und seinem Volk findet.
Alexandra Walczyk lebt und arbeitet als freie Künstlerin und
Schriftstellerin in Mittelfranken. Ihre Reisen führen sie oft nach
Kanada, wo sie auch kurze Zeit auf Saltspring Island in British
Columbia gelebt hat.

www.traumfaenger-verlag.de

Wade Fernandez / Wiciwen Apis-Mahwaew oder „Der mit dem schwarzen Wolf geht"

Wade Fernandez, eingetragenes Stammesmitglied der Menominee, wuchs in der Reservation in Wisconsin, Turtle Island, auf. Seine Musik reicht von den wunderschönen Klängen der Native Flute, bis hin zum Rock und Native American Blues.

Besuchen Sie auch seine Homepage:
www.wadefernandez.com

Musik-CD
„4 the People"
15,00 €
Wade Fernandez

erhältlich bei
www.traumfaenger-verlag.de

Sunka Wakan Na Wakanyeja Awicaglipi Incorporation
Lakota Horsemanship Organisation

>>We are Lakota. We are not Cowboys, we are Horsemen.<<

Die Sioux bzw. Lakota gelten als die besten Reiter, sowie Pfeil- und Bogen-Schützen. Beides ist in ihrer Tradition tief verankert. Die Arbeit und das Zusammenleben mit den Pferden, sowie das Aufleben alter traditioneller Werte sollen den jungen Indianern zur Wiederfindung ihrer eigenen Identität verhelfen.

Ziel dieser Organisation ist es, Kindern und Jugendlichen durch verschiedene Programme die Rückführung zur eigenen Kultur zu ermöglichen und sie dadurch vor Alkohol- und Drogenmissbrauch zu bewahren.
Jedes Jahr werden verschiedene Workshops mit den Kindern und Jugendlichen durchgeführt, sowie mehrtägige Wilderness Camps. Während der Wintermonate werden Workshops gehalten, z. B. Halfter anfertigen, Bilderrahmen aus Holz fertigen uvm.

Repräsentantin der SwnWA Inc. in Deutschland:
Andrea Cox, Im Wirbel 65 / 68219 Mannheim /
Tel. 0621/ 80 11 16
E-Mail: info@andreac.de
Weitere Infos unter: www.andreac.de

Spendenkonto in Deutschland
Gesellschaft für bedrohte Völker (GfbV)
WICHTIG: Stichwort: Pferde Projekt
Postbank Hamburg, BLZ: 200 100 20, Kto: 7 400 201

Lila Pilamaya – Vielen Dank.

Für unsere Leser ab 12:

Meine Mutter, der Indianer und ich

Wie soll man sich Respekt
verschaffen, wenn die Mutter
plötzlich mit einem Indianer
daherkommt?

Ein Jugendroman
von Kerstin Groeper

9,90 €   ISBN 978-3-941485-01-3

Besuchen Sie unsere Homepage:

www.traumfaenger-verlag.de

Für unsere Leser ab 7:

Blitz im Winter

Die spannenden Abenteuer eines
Lakota-Jungen.

Ein Kinder- und Jugendbuch
von Kerstin Groeper

14,50 €   ISBN 978-3-941485-05-1

Für unsere Leser ab 9:

Geflecktes-Pferdemädchen

Ein weißes Kind bei den Lakota

Ein Kinder- und Jugendbuch
von Kerstin Groeper

14,90 €   ISBN 978-3-941485-08-2

Für unsere „großen" Kinder:

Kranichfrau

Eine Frau und ihre Vision.

Ein historischer Roman von Kerstin Groeper

24,50 €   ISBN 978-3-941485-00-6

Wintercount

Die dramatische Geschichte eines jungen Lakota
Kriegers und seiner weißen Frau.

Ein packender Roman
von Dallas Chief Eagle sen. (Lakota)

22,50 €   ISBN 978-3-941485-02-0

Die Feder folgt dem Wind

Die Geschichte einer deutschen Auswanderin,
die es im Jahr 1868 zu den Sioux verschlägt –
jeweils ein Kapitel aus der Sicht der Deutschen
und eins aus der Sicht des Indianers.

Ein weiterer Roman von Kerstin Groeper

24,50 €   ISBN 978-3-941485-03-7

Skalpjagd

Ein Navaho-Cop bei den Sioux

Thriller
von Ulrich Wißmann

16,50 €   ISBN 978-3-941485-04-4

Ulzanas Krieg

Die Weißen nannten ihn Josanie
Der letzte Kampf der Apachen

Historischer Roman von
Prof. Karl H. Schlesier

22,50 €   ISBN 978-3-941485-06-8

Sitting Bull

Sein Leben und Vermächtnis

Von Ernie La Pointe, Urenkel von Sitting Bull

14,90 €   ISBN 978-3-941485-07-5

NEU:

Maggie Yellow Cloud

Mord auf Pine Ridge

Ein Thriller von Brita Rose-Billert

16,50 €   ISBN 978-3-941485-09-9